U0925214

创业营销课堂

Chuangye Yingxiao Ketang

孟祥林◎著

读故事

Dugushi

学智慧

Xuezhihui

做生意

Zuoshengyi

经济科学出版社
Economic Science Press

图书在版编目（CIP）数据

创业营销课堂：读故事·学智慧·做生意／孟祥林著.—北京：经济科学出版社，2013.8
ISBN 978-7-5141-3403-2

Ⅰ.①创… Ⅱ.①孟… Ⅲ.①企业管理－市场营销学 Ⅳ.①F274

中国版本图书馆CIP数据核字（2013）第095868号

责任编辑：周国强
责任校对：刘　昕
版式设计：齐　杰
责任印制：邱　天

创业营销课堂
读故事·学智慧·做生意
孟祥林　著
经济科学出版社出版、发行　新华书店经销
社址：北京市海淀区阜成路甲28号　邮编：100142
编辑部电话：010-88191350　发行部电话：010-88191522
网址：www.esp.com.cn
电子邮件：esp@esp.com.cn
天猫网店：经济科学出版社旗舰店
网址：http：//jjkxcbs.tmall.com
北京季蜂印刷有限公司印装
880×1230　16开　6.125印张　170000字
2013年7月第1版　2013年7月第1次印刷
印数：0001—3000册
ISBN 978-7-5141-3403-2　定价：25.00元
（图书出现印装问题，本社负责调换。电话：010-88191502）

前　言

很多商家将商场比作战场。在这个战场上没有枪林弹雨，人们拼的是智慧。商家的所有心机都必须围绕消费者转，消费者是商家的衣食父母。让消费者体会到自己的良苦用心，并且通过自己为消费者奉献上细致周到的服务让消费者感到满意，这样的经营项目才会有前途，这样的产品才会在更大的消费群体中得到流传，商家也能在此间获得丰厚的回报。著名管理学家德鲁克说过：产品的首要选择是创造顾客。如果产品的思考前提不是这样的，而是为了赚钱，则商家就会具有蒙骗消费者的投机心理，或者通过偷工减料的方式降低产品的含金量，或者通过替代原材料的方式以次充好。商家虽然可能在短时间内会得到一些收益，但这种做法无异于饮鸩止渴。所以聪明的商家不会采用如上的小聪明做法图一时之快，而是要不断分析消费者的需求并努力完善其产品，让消费者成为自己产品的忠诚顾客。不断创新是产品赢得消费者并延长产品寿命的根本。

商家为了牵住消费者的“牛鼻子”就需要不断创新，创新是产品得以存在和商家的生意得以发展的根本，商家需要用灵动的智慧走出一条创新之路，这样才能够让自己赚得钵满盆满。创新概念是经济学家熊彼特在1912年出版的《经济发展概论》一书中提出来的。熊彼特认为，创新是指把新的生产要素和生产条件进行结合后引入生产体系的结果。产品为了在市场上产生较强的竞争力，不仅需要从产品的含金量上做文章，而且需要进行营销创新，“酒香也怕巷子深”。一般认为营销创新需要坚持如下几条原则：创新应该以产品为核心；瞄准目标市场；创新应该持续进行；不能盲目复制。

在实践中不乏成功的案例，就像本书中所提及的案例，都是经营者通过创新的经营思路引爆其产品的。创业者的这些创新点子有的是经过苦思冥想后得到的，有的完全来自生活中的点滴体会。创新产品需要产品的经营者更多地去感悟生活，从生活实践中找到创新的灵感。在普通中发现特殊，从偶然中思考必然，从点滴中推及整体，从单一中创造多元。创新就是经营者不断改变自己的过程，需要经营者从商战的“缝隙”中不断发现商机，并且在不断分析消费者心理的过程中主动创造“缝隙”进而演绎成自己商家的经营主题。产品为消费者着想，消费者就会为产品“投票”。产品的创新要能够让消费者体会到商家为消费者奉献上的一颗“热腾腾的心”。商家赚钱的过程就是用自己的产品与消费者进行心灵沟通的过程。

读者可以透过本书中涉及的任何一个案例体会到经营者的灵动思想，这些思想往往不是只有那些“老谋深算”的企业家才拥有的，成功的主人公往往都是刚刚涉世的年轻人。苦于寻找理想职业的大学生看了本书之后尤其会受到启发，因为书中所涉及的很多创业者与刚刚毕业的大学毕业生是同龄人，同龄人之间相互学习，就能够有更多共同语言，通过模仿就能够进步很快。希望读者在阅读此书之后能够受到一些启发，从而给您增添创业的勇气。

创业吧，未来的企业家们！

本书不仅能够为创业者提供参考，而且可以为教师在课堂上讲授《消费者行为学》以及《市场营销学》等课程提供重要的辅导材料。本书涉及的案例，可以使师生在其中找到印证所涉及理论的经典范例，因此该书也是大学师生枕边、案头的必备参考材料。

孟祥林

2013年4月于华北电力大学

目　录

愿意到这里来购物，并且愿意多停留一段时间，消费者将腰包中的银子留给商家就多了一分可能。

同样的产品在不同的环境下出售，消费者对其接纳的愿望也是不一样的。例如同样是一盘花生米，在街道旁边的大排档出现与在星级饭店出现，身价当然有差别。具有不同消费愿望的消费者，在享受花生米的使用价值的同时，也要享受花生米的身价，故而有的人需要在大排档吃花生米，有的人则需要到星级饭店吃花生米。不同消费者的需求有差别，商家在出售产品的时候出现了错位，产品当然卖不出去。聪明的商家要注意通过适当营造环境创造出一种氛围，对消费者的购买行为起到渲染和激励的作用，让消费者情不自禁地对产品产生兴趣，让消费者产生购买产品的冲动。在春节到来的时候，人们走进超市会感觉气氛显然不一样。刚刚步入超市的门口就会被大红的包装礼盒吸引住，再向里走就会进入“年货大街”，琳琅满目的商品重重叠叠地摆放在“年货大街”上，仿佛给消费者呈上了一桌商品盛宴，“年货大街”两旁的服务人员热情洋溢地招呼声伴随着超市喇叭里传出的欢快的歌曲，让人们在超市中忘记了时间。商家非常清楚，只要消费者在超市中多逗留一分钟，就多了一份将口袋中银子放在超市结账柜台上的可能性。从这个角度来看，环境不是烘托商品的“衣服”，而是吸住消费者腰包中银子的魔法。

趣味营销故事

顾客进店要打赤脚

在繁华商业街的一个拐角处，赫然写着“赤脚鞋店”四个大字。商业街两侧有很多商铺，唯独这家是让人感到非常非常不

第 1 课　营造环境

引子

善于营造环境，就相当于为“姑娘”穿上了花衣裳，“七分看相貌，三分看衣裳”，有了漂亮衣裳的包装，“姑娘”就会更加惹人喜爱，媒婆就会不招自来，姑娘在成为新娘的过程中，就具有了卖方市场的优势。所以商家一定要学会为自己所生产的产品这个“新娘”做嫁衣裳。商家为了招揽顾客，在营造销售环境方面一定不能手软。体面的门脸、宽敞的购物环境、热情洋溢的招徕等都是商家必须做的。在激烈竞争的环境中，消费者喜欢找到上帝的感觉。用手中拿着的钞票购买哪个商家的东西，完全是消费者自己的事情。智慧的商家能够通过营造购物环境，让消费者愿意到自己这里来购物，消费者对该商家有了好感，在购买同类产品的时候首先想到的就是这个商家。相同的产品在不同的购物环境下就具有了不同的身价，进而也就具有了不同的魅力。商家一定要学会在销售环境方面做文章，只要消费者

一般的。这是开店不到一年半的小张推出的新点子。在这样的售鞋策略下，小张的鞋店突然红火了许多。如果追根刨底，是顾客的一句话让小张萌生了经营“赤脚鞋店”的想法。这一天，到店中来了两位穿着非常时尚的女性，由于小张店中的鞋子都很新潮，所以两位时尚女性到店中开始试穿适合自己的鞋子。试穿了很多双鞋子之后，才找到了自己比较喜欢的一款，这时候两个人已经显得非常疲惫了。一个人对着另外一个人说，如果鞋店能够让顾客赤脚进店就非常方便了，这样就不会反复地脱鞋和穿鞋。实际上两个人只是随便说说而已，但是言者无心，听者有意。小张在听到了这样的对话后，感觉到顾客买鞋过程中反复脱鞋和穿鞋确实是非常麻烦的。再加上店内的顾客非常多，很多时候人们都没有一个坐着的地方。顾客在试穿鞋子的过程中需要弯腰试鞋，手中拎着的东西有时候都没处放。小张觉得，这两位女士的心声也许能够代表大多数消费者的心声。开始琢磨着在购物环境上下工夫，将自己的店面打造成独一无二的鞋店，让消费者一看就能够喜欢上自己的鞋店。小张为了让自己的鞋店名听上去更加响亮，将鞋店定名为“赤脚鞋店”。

小张为了能够让消费者赤脚进店购鞋子，特别购置了上等的红地毯，将店内的主要地方全部铺上了红地毯。在店门口的位置有专门的换鞋处，消费者进店后可以穿上店内为消费者准备的一次性拖鞋（就像旅馆中用的那种一次性拖鞋一样），同时将自己的鞋子放在店内的鞋柜中。在鞋柜的一旁特别展示了一个告示：如果消费者需要擦鞋，可以免费享受我店推出的擦鞋服务。在鞋店的一旁专门安排服务人员给进店购鞋的消费者擦鞋，店员对小张的这种做法迷惑不解。但是当这样的购物环境被打造出来之后，店员们看到鞋店的生意已经与先前有了很大的不同，进店购鞋的顾客较先前翻了一番。“赤脚鞋店”在消费者群体中不胫而走。人们都非常希望到这样的店中尝试一下另类的购物氛围。虽然小张推出了免费擦鞋服务，但并不是所有的消费者都希望在这里擦鞋。人们在这里购鞋，不仅能够买到时尚的鞋子，而且免去了反复脱鞋的麻烦。人们穿着一次性拖鞋，在红地毯上走来走去的，购物的心情与先前有了较大的不同。很多到店中买鞋的人都是回头客。

消费者无意中的对话，让小张的生意有了新的起色。店内的红地毯、免费擦鞋、赤脚购鞋以及店面的名字“赤脚鞋店”等都是小张经营的亮点。为了达到预期的购物效果，小张虽然增加了一些花费，但得到的收益较付出的成本高出许多。从表面上看小张是在为消费者方便购物考虑，实际上是为了进一步增加鞋店的吸引力。小张的独到想法对鞋店起到了很好的营销作用，鞋店与顾客实现了双赢。只要商家将消费者放在至高无上的位置，消费者就会将商家记在心中。商家不但要为消费者奉上高质量的产品，而且要奉上高质量的服务。消费者对商家提供的服务感到满意，就会为商家送上真金白银。购物环境能够影响消费者的心情，在产品日益丰富化的现代社会中，市场为消费者提供了更加多样化的选择。除了产品的质量信誉，还有很多其他因素会对消费行为产生影响。让消费者作出消费选择的影响因素有时是很难琢磨的。商家需要多听听消费者的声音，越是能够将消费者的愿望变成现实的商家，就越是能够博得消费者的芳心。小张善于对消费者察言观色，为消费者购物提供方便，用自己的诚意赢得了消费者与自己合作，将“消费者至上”这句商业信条落到了实处。

巧改对联

商家为了招揽顾客，需要为顾客创造温馨的消费环境。店面的装潢以及商家的语言等都能够对消费者的心情产生影响。越来越多的商家开始意识到这样一个问题。聪明的商家不但非常注意店内的桌椅板凳、灯光设计等方面的硬件环境，还非常注意店员表情、语言等方面的软环境。同样的产品，软环境越好，消费者越倾向于消费该商家的产品。一对李姓夫妇在某高校附近开了一家餐馆，主要服务对象是在校的学生。由于学校附近开的餐馆很多，所以竞争非常激烈。这对夫妇想了很多办法招揽顾客，但是生意一直在低位徘徊。餐馆为了给消费者创造温馨的环境，除购置了新的桌椅外，还不断变换菜品的花样，不但在菜品的质量上下工夫，而且价位也调到了适合学生消费的水平。对于消费能力较高的学生，餐馆中也能够提供一些中等档次的饭菜。为了提升饭店的文化味儿，这对李姓夫妇在餐馆显眼的地方写上了一副对联：好吃请告诉他人，难吃请告诉我们。

店主希望能够通过这样的对联在消费者中间强化餐馆的形象：如果感觉到店中的饭菜好，就为餐馆传送口碑；如果感觉饭菜有需要改进的地方就请告诉餐馆，以便餐馆在各方面能够进一步完善，在以后的服务中，为消费者提供更好的饭菜。虽然老板想出了多种招数，但还是不奏效，餐馆一如既往地冷清。这天店中来了一位顾客，要了饭菜之后，边吃边与老板聊了起来。在聊天中这位客人知道了店中遭遇的情况。觉得餐馆的饭菜确实是不错的，而且老板也是厚道人，于是开始帮着老板琢磨餐馆冷清的原因。这位客人抬头正好看见正面墙上的那副对联。然后对餐馆老板说：你的这副对联是有问题的。老板非常不理解：这副对联是我在一次旅游的时候看到有一家餐馆这样写的，我看着很不错，于是在自己的餐馆中就将其挂了起来。客人继续说：这副对联中蕴含着强制的意思，就是说，如果人们觉得饭菜很好，就为餐馆传送口碑，但是如果觉得不好，就不要向外声张了，而是要告诉餐馆。客人说：这样的对联，让不同的人会有不同的理解，餐馆虽然是好意，但消费者会认为只能“说好不能说坏”，消费者进而会认为餐馆在经营商方面有问题。在客人的建议下，李姓夫妇对对联进行了修改：难吃请告诉别人，好吃请告诉我们。在对联后面加上了一行小字：我们服务不周到的地方也请告诉我们，我们的宗旨就是让您满意。让餐馆没有想到的是，在对联发生变化后，餐馆的生意逐渐红火了起来，很多学生开始到餐馆中吃饭。李姓夫妇在后来的了解中知道，还真是那副对联惹的祸。

故事中的老板先前挂着的那副对联本来是为了提升餐馆的人气，但事情并不像想象的那样，挂上对联后餐馆的人气并没有得到提升。按道理，饭菜的质量得到了改善，店内的环境也进行了改善，人们应该更愿意到饭店中就餐的。但是老板并不知道，恰恰是对联让饭店的状况没有很大改观。多亏了好心的顾客指点迷津，否则餐馆状况将永远得不到改善。人们对餐馆的需求表现在很多方面。正如前面提到的，除了硬环境之外，软环境也是非常重要的。一副对联也许在一定程度上能够提升餐馆的文化气氛，但是好心没有办好事的事情也是时有发生的。对联挂在了餐馆最显眼的位置，目的就在于让所有的消费者都能够看到，老板希望通过这种方法对餐馆进行宣传。但是同样一句话，不同人的理解是有差异的。这说明这样的对联能够让消费者产生歧义。老板认为这样的对联能够为自己装门面，但给消费者的产生的心情与老板想象的全然不一样。所以商家在做事情的时候，要更多地从消费者的角度考虑问题，只有这样才能够赢得消费者的支持。对联的变化让餐馆的人气不一样了。这不只是一个词汇的变化，而是老板思维方式的变化。餐馆老板的任务不仅要为消费者呈上货真价实的饭菜，还要让消费者吃得舒心，以便让更多消费者成为餐馆的回头客。

对比的学问

一个卖鸡蛋的男士在菜市场上使劲地吆喝着：卖鸡蛋了，新鲜的鸡蛋！但是很多人都是上前看一看就走了。没有人真正地愿意买这个菜摊上的鸡蛋。眼看已经过去了大半天，前来光顾的人还是很少。这位老板开始有些着急，一边大声吆喝着，一边用粗大有力的双手不停地摆弄着鸡蛋。来往的人流中，不时地有人在说：鸡蛋这么小，还用这么大的声音嚷嚷，也不怕费劲！老板不经意间听到了人们的评论，停止了叫卖声仔细看了看今天售卖的鸡蛋，确实比往常稍微小了些。人们已经对自己的鸡蛋有了不好的看法，任凭自己怎样叫卖还是没有卖出去多少。

老板愁眉苦脸地回到家中，吃饭的心情都没有了。吃过晚饭后在家中闲坐，看着夫人纤细的手指拨弄着毛衣针织毛衣，灵巧的双手上下翻飞，不一会儿就将毛衣织出一大截。这时老板突然来了灵感，招呼夫人第二天要与自己一起去卖鸡蛋。说自己与夫人一同做买卖，夫人负责卖鸡蛋，自己负责卖鹌鹑蛋。第二天来到市场上，夫人找了一个小凳子坐在鸡蛋摊前面，用灵巧的双手不时地挑拣着鸡蛋，并且叫喊着：新鲜的鸡蛋，个小营养足，过这村没这店！夫人对鸡蛋轻拿轻放，纤细的声音听上去较男同志的大粗嗓子好了很多。男老板将鹌鹑蛋放在鸡蛋旁边售卖。夫人的手较男老板的手小很多，鸡蛋在夫人的手上显得大了不少，同时将鸡蛋与鹌鹑蛋放在一起售卖，也对鸡蛋的个头进行了衬托。鸡蛋没有用半天的工夫就销售一空，购买鸡蛋的消费者都怀着非常满意的神情离开。男老板通过巧施计谋将鸡蛋卖了出去。

男老板巧妙地利用了对比方法为自己的鸡蛋营造了很好的销售环境。鸡蛋在自己的大手中显得较小，而在夫人的手中就显得比较大了，为了让鸡蛋产生比较大的视觉效果，男老板特别在鸡蛋的旁边售卖鹌鹑蛋，从多方面衬托鸡蛋的高贵品质。对比方法在营销过程中能够产生很好的作用。本来不是很好的商品，通过用更加逊色的商品为其做陪衬，就能够更好地彰显被衬托的产品的品质。人们在购买产品的时候往往都是在对比中作出选择的，如果预期购买的产品较其他产品品质更优、价格更廉，消费者就会很快作出购买决定。消费者的这个决定实际上不是建立在对产品的绝对评价基础上的，而是建立在类似产品的对比基础上的。

商家在营销过程中就要学会巧妙地利用对比方法产生对比效应，让消费者在对比中对产品产生好感，购买的欲望才能够得以激发出来。故事中的男老板已经意识到自己粗大的手使得鸡蛋看上去非常小，以致自己在市场上喊叫了一天，也没有太大收获。男老板通过改变策略，让夫人承担起了卖鸡蛋的重任，取得了较好的效果。消费者用对比的心态审查商品，这是非常正常的事情。人们认为男老板的鸡蛋很小，在对鸡蛋作出判断的时候，实际上是以先前的判断标准为依据的，消费者以往的生活经验在这个判断中产生了重要作用。虽然以往生活经验很重要，但是现场的对比效应也是很关键的。鸡蛋老板就是要在现场人为地制造出这样一个对比，通过这样的环境设计，制造出更多有利于产品售卖的。

成语与营销

自相矛盾
——自圆其说

“自相矛盾”的故事很多人都非常熟悉了。说的是古代楚国一个既卖矛又卖盾的人，他非常希望自己的两件商品都能够很好地销售出去，于是在人们面前不停地赞许自己的商品，说自己的矛锋利无比，没有其不能穿透的东西，随后又说，自己的盾坚固无比，世界上任何锋利的东西都不能够穿透。旁人对这个楚人说："如果用你自己的矛去戳自己的盾，结果会怎样呢?"楚国的这个生意人无言以对。这个楚人如果只卖矛或者只卖盾，将夸耀自己产品的话说得夸张一些似乎也没有可以挑剔的，但是此人犯的错误就在于，自己同时在售卖两个相互对立的产品，又同时将这两件产品夸奖成是世界上最好的。这不禁会让人们引起疑惑：这两件相互矛盾的产品不可能是世界上同时最好的。对旁人的问话，楚人无言以对就是理所当然的事情了。

营销是一门学问，其中自然包括了说话的艺术。同样的产品，商家在对其进行宣传的时候，采用不同的措辞方法，就会达到不一样的效果。但是营销的艺术并不是夸张的艺术，商家不能为了表扬自己的产品而肆意编造谎言，如果是这样，商家的"营销"就构成了欺骗。故事中的楚人，实际上就是当着消费者的面说假话。虽然楚人在兴高采烈地推销自己的产品，但在旁人眼中，楚人就是一个骗子。也许楚人的矛和盾的质量的确好，但即使是这样，也不能让自己的话中存在不能自圆其说的成分。也许楚人并没有将自己的表现与诚信联系在一起，但在旁人眼中，楚人是没有诚信的。楚人已经将买卖人最珍贵的品格失掉了，其产品就很难让消费者接受了。诚信需要以商品的品质为基础，商家虽然可以用富有艺术魅力的表现方式展现自己的产品，但是不能够离题太远。

故事中的楚人在做买卖的过程中，工业文明还不发达，人们打造矛和盾也主要靠手工制作，顾客在购买类似产品的时候选择余地很小，同行之间的竞争也不像现代社会这样激烈。现代社会是建立在科技迅猛发展基础上的，在高度便捷的通信工具影响下，信息传播很快。人们会在商家提供的各种信息中比较和分析，通过缜密的思考辨别真伪。在广告这种营销形式还不是十分普及的情况下，人们对广告非常信赖，广告说什么，消费者就信什么。但是随着人们对广告的认识逐渐深入，人们开始意识到，有些广告彼此之间就会出现矛盾的信息。人们对这样的事情，也泰然自若地一笑了之。人们在广告面前逐渐成熟了起来，认为广告只是向自己提供了一种信息而已。人们不再盲目地跟风，消费者在浩如烟海的广告面前逐渐变得更加理性，人们心里都非常清楚：广告做得再好，也不如产品的质量好有说服力。

没有永远的产品，只有永远的营销。商家为了让自己的产品在众多的同类产品中脱颖而出，从而引发消费者更多的注意，就需要不断推陈出新宣传方式，让自己在消费者心中具有深刻的印象，但是在宣传中不能出现自相矛盾的问题，否则这样的商家就成为了骗钱的商家。在同类产品多如牛毛的现代经济中，消费者可资选择的同类商品非常多。在消费者隐隐感觉到某种商品不可靠的时候，就会采取“用脚投票”的方式远离该产品。该产品就会“门前冷落车马稀”。为消费者提供诚信服务是商家将自己打造成为百年老店的基础，为了做到这一点，商家在宣传产品的时候就不能夸大其词。在借助名人做广告的情况下，名人也要讲求诚信。如果不喝酒的人做酒类广告，不喝口服液的人做口服液广告，在这种矛盾的广告穿帮之后，消费者就会大呼上当。商家和广告代言者就会同时名声扫地。营销从表面上看是在卖产品，实际上则是在卖人心。

创业与营销

做大“一元超市”

随着经济发展，市场上开始出现“十元店”，这是消费者非常熟悉的。“十元店”先前只是“一元店”，这是修老板的创举。老修很早就不上学了，在外做工的过程中做过小饭馆、小百货以及服装等各种行当。但是由于收入不高，都没有使家庭经济状况好转。老修一直在琢磨一种能够彻底改善自己生活状况的方法。结合自己的经济状况经过多方面考虑，老修终于将自己做生意的方向定位在了“一元店”上。老修考虑问题的出发点是让消费者买东西非常方便。针头线脑、剪刀锉刀之类的小东西是人们日常生活中不能缺少的。但是人们分别从不同的地方购买这些东西是非常不方便的。所以，可以将这些类似的东西集中起来售卖，这样的生意一定不错。开张后老修经营的“一元店”生意异常好，不久老修就在更多的地方开了很多连锁店。不但有实体店而且还开了网站。为了使公司能更好地发展，公司设计了统一的店面标志，这为老修的生意向全国发展奠定了很好的基础。老修的“一元店”打造了一种成功的经营模式，很多成功经验是值得大家学习的。

“一元店”在刚刚进入市场经济的时候确实是个新事物，用这样的经营方式创造一种全新的经营模式是非常不容易的。虽然这样的店铺目前在全国各地都能够见得到，但第一个吃螃蟹的人才是最为值得称道的。

第一，全新思维方式。思维方式新就能够抓住更多的创富机会，一般人往往习惯于评价别人做事简单，但简单的事情在没有人做之前就是困难的，商场上的不容易之处就在于使某种商业行为从无到有。老修平时就喜欢观察一些新事物，老修在相关材料中发现这样一个情况，七成以上的年轻女性愿意在琳琅满目的商品中寻找自己满意的东西，要求就是物美价廉。“一元店”就能在最大限度上满足这种需求。“一元店”专门从事小商品销售，货物的种类非常多，每件产品都能够渗透出小巧别致，各个都能够激发人们的购买欲望。人们在种类丰富的产品中总能找到符合自己需要的产品。如果能够保证产品的质量，一定能够赢得消费者的青睐。“物美价廉”就真正能够做到实处。老修的这种创新思维方式是其经营成功的法宝。

第二，低价促进消费。“一元店”的最大诱惑力就在于价格低，这个价格已经低到任何一个消费者都可以承受的程度，所以消费者进店后不必考虑购买力的问题，只管精心挑选自己所需要的产品。对消费者有利的事情对于商家就不一定是有利的。“一元店”的产品定价既然如此低，就需要在商品的种类和进货渠道等多方面进行把握。商家需要通过这种方式找到进货的成本优势。为此修老板与厂家之间建立了稳定的进货渠道，这在一定程度上可以得到供货商的价格优惠。为了增加自己的货源，修老板不断地奔走于广州、义乌等以生产精小产品见长的厂家之间，并与其建立了稳定的货源网。起初由于进货量较少，一些厂家不愿意供货，于是修老板开辟了从批发商进货的渠道，虽然进货成本相对高一些，但还是能得到满意的利润。随着生意不断红火以及连锁店数量增加，修老板终于建立起了稳定的进货网络。物美价廉的商品终于吸引住了更多的消费者。

第三，强化品牌意识。在不懈努力下老修的“一元店”凭借良好的营销模式喜获成功。其他人看到老修利润可观后也开始纷纷涉足这个领域。为了能够与其他的类似店相区别开来，老修在很早的时候就开始有了强烈的品牌意识。老修的“一元店”的产品质量都是过硬的，辛辛苦苦建立起来的供货网都是老修在精挑细选之下建立起来的。只有产品质量过硬才能够让自己的“一元店”长盛不衰，所以用品牌与其他的类似经营者区别开来是非常重要的。这种强烈的品牌意识并不是任何人都能够有的。直到目前为止在街上随处可见的“一元店”一般都不会注册自己的品牌，但修老板做到了。人们在购买一元产品时首先想到的是修老板的产品，消费者进店后所需要选择的是商品的类型而不需要担心产品的质量，因为产品质量已经由修老板在进货之前进行严格把关了。

第四，诚信就是生命。修老板的“一元店”与很多厂家建立了稳定的进货联系。这些厂家对修老板的信誉深信不疑。很多厂家作为供货商一般都是发货的同时要结账，但是修老板是个例外，一般都是先发货后结账。供货商这样做一般都会面临不能收到货款的风险。但由于修老板在生意上已经有足够的信誉，供货商对修老板的人品深信不疑。很多厂家都是货发出来以后两个月都不催款，这为修老板进行资金融通提供了很好的平台。不要小看这两个月的时间，对于小本经营的修老板在此期间能够得到较好的喘息机会。修老板在此期间能够获得较好的资金周转，可以达到先赚钱后还账的目的。修老板在厂家那里赢得了信誉，在消费者那里也赢得了信誉。“一元店”严格信守“物美价廉”的承诺赢得了越来越多的消费者到店里来光顾。

致富经 点子新就会票子多

大概从 20 多年前在市面上就开始出现了“一元店”，随后又出现了“二元店”、“十元店”等，商店中摆满了各色的日常生活用品，只要到店中光顾的，就没有空着手出来的，店主虽然从每个消费者那里挣得的利润很少，但由于到店中光顾的客流量很大，所以为店主带来的总收益并不少。这样的商店与正经专营某类商品的买卖相比，看起来似乎没有太大的利润，于是很多人并不看重。实际上经营这样的商店正是经营者的良苦用心所在，这种店铺最适合小本经营的店主创业了。店主在巧妙的经营中可以达到积沙成塔的目的。店中经营的都不是贵重商品，但都是人们日常生活中需要的商品，只有将廉价的商品与过硬的质量联系在一起，才能够赢得消费者。修老板做到了这一点。“一元店”能够为消费者提供丰富多样的产品，让消费者一次可以购买尽量多的商品。在消费者眼中，商店的货架上摆放的不仅是日常生活用品，更是“艺术品”，各色的产品摆在货架上让消费者就会眼花缭乱。经营该类店铺需要店主搜集各类小商品，保证店中的产品全、新、廉、优，到全国各地搜罗这样的小商品并建立起这样的购货网络就显得非常重要。经营一种产品不但需要新点子，而且需要坚忍不拔的毅力。给消费者奉献上让消费者能够认可的产品，并且能够让消费者消费得放心，才能够让消费者成为产品的信徒。

第 2 课 巧用心理

引子

善于琢磨消费者的心理，商家就能够从消费者那里捞到更多的银子。老练的商家知道怎样打动消费者，商家通过察言观色，了解消费者需要什么，只有知己知彼，才能百战不殆。消费者在购买一些稍微有科技含量的产品的时候，最担心的就是害怕产品出毛病，如果商家通过演示产品的使用过程，并且承诺提供免费售后，产品自然就会好卖得多。消费者购买产品的时候顾虑是很多的，智慧的商家就是要打消消费者的这些顾虑，让消费者完全没有后顾之忧，这时候消费者就会非常轻松地将银子掏出来交给商家。当然除了“担忧”这个心理外，消费者还会有很多其他心理，诸如攀比、炫耀、跟风、好奇、敬老、厌旧、刺激等不一而足，商家为了销售产品，在与消费者博弈的时候，不但要懂得相面术而且要懂得读心术。让消费者感觉到在商家面前无处藏身。商家只有成为消费者肚中的蛔虫，消费者的心思才瞒不住商家，商家就会生产出让消费者满意的产品。既然这样富有魅力的产品已经摆在消费者面前，在强大的诱惑下，消费者对面前的产品已经欲罢不能，就没有任何理由向商家说不了。

商家要想多赚银子，就需要多琢磨消费者的心理。在消费者以瘦为美的今天，给消费者提供瘦身食品就显得很时髦，这样的产品就会成为消费者的抢手货。再如时下消费者喜欢新奇的消费，人们的生活条件变好了，鸡鸭鱼肉等已经成了等闲之辈，与别人不一样才能够让自己有面子。旅游不但要欣赏美景、品尝美味，但这些传统的旅游方式都已经“OUT”了。要到艰苦的地方去，“花钱找罪受”才够时尚。开着私家车到乡村野寨体验原始风味的农家生活，短时间地过上几天“采菊东篱下，悠然见南山”的生活。当然只有搞清楚消费者有这种需要，商家才能够从消费者手中捞取银子。商家一定要善于花费心思琢磨消费者，想消费者之所想。消费者的心思是千变万化的，一千个人就有一千条心，商家不可能有一个放之四海而皆准的应对办法。消费者的心思就像天上飘着的风筝，一会儿向东，一会儿向西，但是只要商家能够稳稳地牵住了连着风筝的线，即使风筝在蔚蓝的天空中再飘忽不定，但总不会逃出商家手中的那根线。这条线是一条把脉的线，也是一条财富的线。

趣味营销故事

卖马附赠饲养方法

消费者购买产品的时候最怕出问题，产品出了问题之后，不但心情非常差，而且要花费大量时间和财力进行补救。如果产品能够补救还好，产品不能补救的时候，消费者就要自认倒霉了。

商家在销售产品的时候，最重要的就是要让消费者高枕无忧，让消费者没有预想中的各种麻烦事。商家越是将这样的事情做好，就越能够让消费者青睐自己的产品。有一位农夫要为自己的小儿子购买一匹小马，但是在自己生活的这个镇上就有两个卖马的商人。两个商人所卖的小马没有差别，但定价方式却有较大不同。商人甲的小马要价 500 元，一手交钱一手交货，在马卖出后商人甲不再承担一切责任。商人乙较商人甲的马售价高出 200 元，但是商人乙承诺：在小马卖出后的一个月内，商人乙要提供上门服务。商人乙要奉送给农夫一个月的草料，并教给农夫饲养小马的方法，上门教给农夫的小儿子与小马相处的方法，并且可以上门指导农夫为小马建设起小马生活的“家”。商人乙的小马售价 700 元，这相对于商人甲的小马确实价格高出不少，但由于农夫并不懂得饲养小马的方法，也不知道小马在生病的时候如何照顾。最后还是选择了购买商人乙的马。农夫买得商人乙的马后，商人乙按照事先的承诺对小马进行无微不至的照顾。农夫相当于雇佣了一个不用付费的仆人，儿子也在与商人乙打交道的过程中学会了养马的技巧。小马在一个月的精心照顾中变得更加膘肥体壮，小儿子已经与这匹小马难舍难分了。

消费者在购买产品的时候，最不放心的就是担心产品有风险。故事中的两个商人虽然都是在卖小马，但实际上是在为消费者提供了不同的服务。商人甲将消费产品的风险全部让消费者承担了，而商人乙则是让自己承担了风险。购买小马与其他产品有不同的地方，其他产品只要按照说明使用就可以了，但是饲养小马需要与小马有情感交流，而且要懂得养马的技巧。商人乙实际上在售马的价格中包含了培训费用。通过在一个月内让农夫观看自己对小马精心照顾的过程，农夫在此期间可以熟悉养马的方法，完全没有了养马之忧。商人乙的这种做法是在有意为农夫承担购马的风险。因为此间商人乙需要承担一些饲养小马的费用，这部分费用要让农夫承担，所以商人乙的小马售价较高，商人乙只是在这段时间内付出劳动而已，商人乙并没有从售价中赚取多少利润，但自己的小马却较商人甲有了更大的市场。商人乙的这种售马的方法，让本来对养马一窍不通的农夫最后成为了养马的内行。农夫给小儿子买小马，也许担心的并不是钱的问题，而是购买小马之后的后期饲养问题。相对于向商人甲购买小马虽然多支付了 200 元，但农夫是非常合算的。不但让小马在一个月内可能出现意外的风险全部由商人乙承担，而且还学到了养马的技术，自己在随后的岁月中就能够独立养马了。商人乙为农夫承担了风险，从而让自己的马增加了销售机会，在营销产品的策略上技高一筹。消费者在购买自己不熟悉的产品的时候，总是会前怕狼后怕虎的，消费者犹疑不定，这就给商家做买卖增加了不确定性。聪明的商家就是要通过各种方式让消费者购买商品后吃定心丸，不让消费者带着担心消费产品，这样的商家让消费者感到信得过。商家为消费者着想就是为自己着想。

问话中的玄机

一条南北向的热闹的大街东西两侧开了两家面馆，忙碌的人流中时不时有人坐下来吃上碗面，两家面馆的生意都很好，来来去去的人数也相差不大。但是东侧的面馆总是要比西侧的面馆收入更多些。只在一家面馆中吃面是不能体会出其中的差异的，只有到两家面馆都吃过面的人才会感觉出来两家面馆的不同。人们到了东侧的面馆吃面时，老板会非常热情地招呼客人说：“哦，欢迎，放一个鸡蛋还是放两个鸡蛋?”很多人会随口应承到“放一个”，也有说两个或者说不要的，但是非常少，绝大多数人会说“放一个”。顾客到西侧的面馆吃面的时候，老板也是非常热情：“哦，吃面，非常欢迎，加不加鸡蛋?”一些人会应承说

“加”，另外一些人会说“不加”，平均算下来，“加”和“不加”的人参半。从这段简单的对话中人们很容易发现老板问话的差别。东面的老板问话，是在向顾客问“加一个还是加两个鸡蛋”，弦外之音就是必须加鸡蛋，因为人们吃面时都有加鸡蛋的习惯，加了鸡蛋的面会更加有营养。消费者在这样的问话中只能在“加一个”与“加两个”之间进行选择，一般不会有“不加”这个第三种答案，人们一般会沿着问话者的思路走，按照问话者事先设置的选择题给出答案。对于西侧老板的问话，消费者同样是在做选择题，但是答案是在“加”与“不加”之间选择，当然有很多人就会作出“不加”的选择。只是一个简单的问话，就能够体现出商家的智慧。东侧的商家每天多卖出 200 个鸡蛋，一年就会较西侧的商家多赚几万元的收入，问话的差别导致了财富的差别。

营销是一门艺术，商家需要通过恰当的语言将产品的品质表现出来，认真斟酌表达方式是非常重要的。就像故事中谈及，简短的对话实际上蕴含了商家的良苦用心。消费者在没有对比东西两家面馆的时候也许不会发现其中的差别，但对比之后就会产生很多感想。能否很好地驾驭语言，可以反映出商家是否具备商业智慧。街道东西两侧的面馆品质应该是没有差异的，消费者到两家面馆吃面的数量也差不多。但是一段不一样的对话，就导致了收入差异。两家面馆给消费者留出的思考余地不同，东侧面馆让消费者在消费鸡蛋的数量上做选择，但是前提是必须消费，而西侧的面馆也是在让消费者在消费鸡蛋的数量上作出选择，但是结果是可以消费也可以不消费。商家在为消费者出选择题的时候，要让消费者尽量按照商家的思路作出有利于产品市场拓宽的答案。东侧的面馆老板在问话中实际上是设计了一个“陷阱”，只要消费者不给出第三种答案，选择任何一种答案都是有利于商家的。人们对于日常消费品的购买行为属于重复性的习惯性购买，在这样的消费行为发生的时候顾客一般不会有更多的思考，顾客在消费的过程中也不会有更多的开销。人们对商家提出的营销方法一般不会反感，对于面条这种日常消费品，鸡蛋反正是吃到自己的肚子中了，这不会对自己有什么坏处。商家要学会巧妙地利用消费者具有的习惯性思维心理，就能够让自己卖出更多的产品。在此过程中商家要尽可能显示自己对消费者的体贴，消费者对商家的营销行为不会反感。

开辟打折专区

小康高中毕业后就在县城中开了一个服装店，出售的都是中低档服装。由于店小并且处在小县城中，所以小康从一开始就将服装定位在了中低档次。小康从开张这天起工作就非常的勤奋，对自己的生意充满了希望。每天很早就将店门打开，很晚才回家。为了给消费者好印象，小康每天一开门就将店内打扫得干干净净，对所有到店中购买衣服的消费者都是笑脸相迎。但是到了月底的时候，小康经过盘算发现只赚取了 800 元。小康有些心灰意冷了，这样的买卖是没有办法让自己有出头之日了。小康注意到，到店中光顾的客人都是转一圈就离开了，往往是还没有等到小康与客人打招呼，客人就毫无表情地走出了店门。小康对顾客的反应感到莫名其妙。在一次同学聚会的时候，小康遇到了自己高中的同学小李，小李在大学中是学习市场营销的，毕业后在一家大公司做营销部的经理。在谈话中小李知道了小康经营中遇到的问题后，小李随口对小康说的几句话，对小康日后的经营起到了很大的作用。按照小李的建议，小康回到店中之后，将所有的衣服分为正常区和打折区两个区域，正常区域的衣服价格稍高，打折区的衣服相对便宜。实际上两个区域的衣服是一样的。在打折区的衣服架上，小康还煞有介事地对每件衣服标上了价格标签，原价和折扣后的价格都挂在衣服架上。

小康没有希望这招能够给小店带来多大起色，但是令小康没有想到的是，店里的人气开始好了起来，不但到店里光顾的人开始多了起来，而且顾客在店里逗留的时间也开始长了起来，人们开始对衣服问这问那。这些顾客往往都停留在打折区的衣服旁千挑万选。小康的销售数量开始明显上升。折扣区的衣服显然比正常区的衣服卖得好。在折扣区的衣服卖得差不多的时候，小康就将正常区的衣服转移到折扣区。一些消费者在打听衣服的时候，小康特意告诉消费者，正常区的衣服将会在哪天以后打折。一些面熟的消费者果然在小康提及的日子之后没几天就到店中将那件衣服买走了。后来在另外一次与小李的聚会中，小康向小李询问其中的道理，小李说做买卖就需要充分考虑消费者心理。在县城中做服装店，由于大多数人收入并不高，所以人们非常在意价格。打折区自然就成为人们关注的重点。消费者一般会认为，打折的衣服与没有打折的衣服在品质上是一样的，只是由于断码或者时尚因素等原因降价的。购买打折的衣服，可以用较低的价格购买相同品质的衣服，有物超所值的感觉。小康听了小李的解释后，感觉收获颇多。认识到经营买卖，光靠整洁的店面以及热情地向顾客打招呼还是不够的。认真琢磨消费者的心理，让自己的经营措施顺着消费者的思路走，才能够让消费者买自己的账。

生意人实际上就是实战家，必须通过有效的方法将产品卖出去，否则生意就难以维系。就像小李所说的，做生意就要懂得消费心理学，要学会读懂消费者。不能够读懂消费者，商家的努力就会白费。按照小李的建议，小康将衣服分设为正常区和打折区，这实际上只是一个非常小的花招，事实表明非常奏效。做生意虽然需要理论支撑，但理论只能存在于脑海中。商家的责任就在于将这些理论付诸行动。没有理论支撑的生意就显得没有计划，也许短期内能够做成功，但是很难维持长久。就像故事中的小康意识到的，即使做一个小服装店，也要学点消费心理学。只有系统地学习有关方面的知识，才能够让自己在经营中有意识地对经营措施进行设计，避免做很多无用功。从某种程度上来讲，商家也是“医生”，能够从消费者的行为中，读出消费者所需。如果商家缺少经营方面的知识，就需要虚心向有关专业人士讨教。小康就是通过向营销专业科班出身的同学请教而让自己的生意有转机的。营销专家对消费者有全面的了解，针对商家面对的问题，往往能够开出一剂针对商家具体问题的良药。小李对小康的建议就达到了意想不到的效果。这样的效果也许对于小康而言很意外，但应该在小李预料之中。小康对衣服进行分区售卖，实际上就是在用新瓶装旧酒，这种换汤不换药的做法有时也是很奏效的。小康通过自己的智慧让老酒酿出了新味道，这种味道正是消费者所需要的。小康的“供”与消费者的“需”之间合拍了，银子流向小康的钱袋子是挡也挡不住的。

成语与营销

心病终须心药治
——读懂心思

《红楼梦》第九十回，作者谈及黛玉病的时候：心病终须心药治，解铃还是系铃人。人们的心理负担最终会变成精神负担，要想消除这种精神负担，就必须想办法克服此人的心病，只有这样才能够从根本上解决问题。心中的忧虑或恋念成了精神负担，必须消除造成这种精神负担的因素。商家与消费者打交道的过程就是读懂消费者心思的过程，商家只有看透和读懂了消费者，才能够与消费者心连心。商家生产的产品才能正中消费者下怀。商家要知道消费者下一步想的是什么，才能将自己的生意做好。如果消费者到店中吃水饺，吃完之后不用消费者问，服务员自觉地给消费者端上一碗饺子汤，这时候消费者就会非常礼貌地向商家说一声谢谢。在消费者刚刚坐在桌旁的时候，服务员马上就将一壶水送上。这些都不用消费者提出请求，服务员自觉就应该做到，如果当消费者高声招呼服务员“端壶水来”的时候，消费者对商家的感觉就会打些折扣。

聪明的商家要时刻试着读并且要努力读懂消费者的心思，商家只有成为了消费者肚子中的“蛔虫”，才能够深入了解消费者。如果商家能够做到这种程度，买卖自然会不断兴隆。现在的消费者消费任何东西的时候都有些怕，怕挨宰、怕中毒，由于消费者认为商家缺乏诚信，所以担心的事情就很多。人们在面对商家的时候，宁愿相信商家的东西有问题，即使商家的东西很好，消费者也会戴着有色眼镜看：产品有问题很正常，没问题就不正常了。很多知名品牌都出现了问题，这更会让消费者买东西的时候睁大眼睛，有些人甚至不对任何产品抱希望。虽然现在市场上已经消停了很多，但是人们还是心有余悸。商家在消费者面前营销产品的时候，人们会报以猜疑的心态认为商家是在说假话。即使商家提供的产品全然没有问题，消费者也还是不敢轻易相信。消费者病了，这种病是一种心病，心病还需心药医。只有社会环境变好了，消费者才会彻底打消心中这份顾虑。

消费者病了社会就病了，商家的产品就卖不动，消费者拖着一个病体很难说有多高的消费能力。谁能够消除消费者的心病，谁就能够赢得消费者的芳心。在“油条哥”向消费者承诺“坚决不用复炸油”并且将当天炸油条剩下的油倒掉之后，人们开始相信“油条哥”了，于是“放心油条”这个字眼开始红遍大江南北。因为先前人们对这样的事情是不相信的，将当天剩下的油倒掉无疑就要加大炸油条的成本，这无异于商家在“自戕”，商家想要消费者相信自己的话是很不容易的，一定要在消费者面前用实际行动做给消费者看，让消费者看到自己是在来真格的，而不是在忽悠消费者。消费者需要的是：商家要向消费者做些什么而不是说些什么。消费者需要的是商家的行动而不是捶胸顿足地表决心。聪明的商家就是要学会做人、做事，而后才是学说话。正像著名管理学家德鲁克所说的，企业唯一有效的目标是创造顾客。这就要求商家要将重心放在为消费者做点什么，而不要将心思全部放在赚钱上，否则商家就会由于财迷心窍而做错事，让消费者得上很难治愈的心病。

消费者一旦有了心病就很不容易治愈，病来如山倒，病去如抽丝。只有对症下药才能够药到病除，商家的存续固然要以盈利为前提，在消费者得了心病的时候，商家也不要犯急躁病，心急吃不了热豆腐。既然消费者的病是商家酿成的，商家就需要仔细反省自己曾经做了什么。做了哪些不应该做的事情，才失去了消费者的厚宠，在反思的同时要将那些已经习以为常的做法丢掉，创造一个清新的消费环境，让消费者的心情逐渐好起来。消费者心情好了就会百病全消，消费者就会开心地到外面玩，高兴地到馆子里面吃饭，不假思索地喝奶，人们在做这些事情的时候不再有顾虑。消费者的购买力提高了，商家的买卖自然就会好做。“酒香不怕巷子深”的时代又回来了。世界的发展就是一个轮回，就像著名评书艺术家单田芳经常说的一句话“天下分久必合，合久必分”，社会经济发展也遵循物极必反的道理。在农耕文明时代，人们没有现代人所具有的惧怕毒食品的心病，随着科学技术被异化，人们得了这样的心病，当人们已经感觉到这种心病对社会发展形成的严重障碍时，又开始想出医治这种心病的方法，社会于是就会进入发展的快车道。

创业与营销

粥王

凭借卖粥就能够创富，很多人也许不相信。粥是最平常的食物，凭借卖粥致富就需要灵动的思想。债台高筑的小李在不经意之间有了做卖粥生意的好想法。卖粥与其他生意相比较投资少并且利润也小，风险自然也会很小，确实是一个可以在较低平台上起步着手做生意的好想法。有了想法后就要动起来，光说不练就是假把式。小李打定主意后就在双流机场附近租了门面，办完各种手续后生意就开张了。小本生意就需要非常勤奋，开始的时候生意并不好，因为小李并没有在粥上动更多的心思。小李做的粥与传统的粥并没有什么不同。朋友的点拨使小李意识到即使卖粥也要有创新才能行。自此小李开始在创新经营上做文章，经过不断琢磨，小李的粥生意越来越红火。小李在短短几年时间内居然创造出了百万的财富。追想小李的发家史，可以道出很多耐人寻味的生意经。

小李将普通的粥生意做火了。但是任何一个成功的背后都有艰辛的历程。小李此间也是经过反复琢磨才摸索出现在的路子的。

第一，创新粥理念。卖粥也要有创新思路，乍听起来好像不着边际，但仔细琢磨起来就发现不无道理。平时人们在家里吃饭时做粥并不是非常讲究的，不把粥当主餐是人们一贯的思维方式，但是随着社会经济的发展人们越来越感觉到粥对于养生保健具有越来越重要的价值，所以很多商家开始在营养粥上下工夫。小李就是要致力于对传统的粥进行“改革”并把普通的粥作出花样来。小李经过认真钻研将传统的“素粥”改革为“荤粥”，在粥熬制过程中将米与多种其他食品相搭配做成多种形式的粥，如“特色鱼肉粥”、“五香腊肉粥”、“馋嘴肥肠粥”等有肉的粥，再如“开胃健脾粥”、“清热解毒粥”、“美容养颜粥”等药用粥。除此之外还秘制了“木须银耳粥”、“荷叶莲米粥”、“南瓜健胃粥”等。消费者走过小李的粥铺首先是感觉眼前一亮，然后就是产生品尝的欲望。到店中来消费的顾客往往都是要两三种不同类型的粥，而且回头客居多。附近的消费者经常到小李这里来吃早饭，觉得小李的粥非常营养，这么多的粥花样在家中熬制是很费事的，顾客为了方便就选择到小李的粥铺消费。粥的创新导致生意异常火爆。

第二，讲求服务水平。真诚地对待顾客并让消费者感受到这种真诚是留住顾客的最重要方法。在生意很忙的时候，难免照顾不到一些顾客，这时小李会亲自为客人奉上热情的服务，一定让消费者感受到周到的服务所带来的温馨。在顾客到店中消费的时候，小李首先要给顾客“相面”，对于不同身体状况的消费者，小李都要为之奉献上不同的粥。小李经常会向消费者解释，不同的粥是由不同的食物进行搭配熬制而成的，不同配伍的食物对于不同身体状况的消费者而言是有差别的。某些粥非常有营养，消费者也非常喜欢食用，但由于消费者的身体状况不适合食用这种粥，到头来出现了意想不到的负面状况。常到小李店中消费的顾客对小李已经非常熟悉。在点粥的时候一般都会习惯性地多问小李两句，如果看到小李实在太忙，就按照习惯的吃法点粥，因为这样做消费者会感觉到心里踏实，不会发生因为吃错粥而造成身体不适的问题。除了在吃的问题上小李对消费者体贴备至外，小李还特别提醒消费者在店中吃饭的时候要留心自己的财务。消费者遗失在店内的手机以及其他财物等，小李都会在最短的时间内与其取得联系，并原物归还。高质量的服务为“粥”生意留住了越来越多的顾客。

第三，营销模式诱人。“将微利项目做成免费项目”就是粥的创新营销思路。在常人看来微利总比无利好，但“粥”的思路就是“将微利项目做成免费项目后会拉动相关项目的发展，从而可以将微利做成大利”。在这样的思路下小李逐渐将一些微利的粥作为免费品尝的粥类供应给消费者。消费者进店一般不会只消费这些免费项目，而是在点了几种类型的收费项目之外，品尝一下免费粥。小李用这种方式以免费项目拉动了收费项目。在生意逐渐红火起来的时候，小李想到的是一定要提高服务质量保住“粥”这个招牌。后来虽然由于各种原因“粥”多次迁址，但生意的火爆程度始终不减，特色粥勾引着这些“馋虫”们追着店铺跑。为了扩大生意规模，小李在“粥”的基础上添加了中餐和小吃等项目，这些项目都特别讲求特色，小李就像经营自己的特色粥一样经营着特色小吃，很多消费者品尝着特色小吃的同时食用免费粥，很是逍遥自在。小李实际上是用免费粥拉动了特色小吃项目。

第四，拓展花粥项目。小李在将素粥变成荤粥的过程中丰收了成功的喜悦，感觉到不断创新是将生意做火的根本，但在经营中发现一些消费者对荤粥并不感兴趣，这些消费者宁可选择普通的粥也不选择荤粥。后来经过询问才知道这些消费者是不愿意摄入荤食品的。消费者的意见就是小李工作的改进动力，小李开始琢磨提升素粥品位的方法。在反复思考中小李想到了各种可食用花，将这些可食用花与粥熬制在一起，可以在不改变素粥品质的基础上使其花样翻新。为此小李开始了解食用花市场，对鲜花和干花都做细心了解。经过了解才知道，鲜花入食在我国已经具有悠久历史，只是由于不同花的品性不同，在食用过程中需要多加注意而已，否则误食一些花之后会造成意想不到的麻烦。小李于是买来很多书籍了解不同花的具体情况。此外小李还走访了很多专家，让这些专家给予指点在食用鲜花中应该注意的问题。经过一段时间的学习，小李终于掌握了十几种花的具体情况，在其精心琢磨下终于成就了熬制花粥的独家绝技，花粥走上了消费者的饭桌。这时候“素粥”和“荤粥”已经有两大系列百余个品种，小李的小店更加热闹了。小李这时实际上已经变成了“特色粥”专家了。消费者送给了小李“粥王”美誉。

致富经 打破常规出类拔萃

从卖粥这种最为普通平常的生意做起，在投资实力较薄的情况下是人们很容易想到的事情。实际上人们在日常生活中所品尝到的各种美食大都是非常普通的食品，但商家做得就是比自己做得好吃。小李的“粥”能够变寻常为神奇，做“粥”的生意经是值得深思的。小李的粥铺在反复迁址的过程中能够牵着消费者的鼻子走，也说明了小李做生意的实力。很多顾客成为了小李的忠实消费者。品牌忠诚的形成是有多方面的原因的：产品对消费者的吸引是最重要的因素，消费者在以前的消费过程中由于受到更多益处从而产生对该种产品的好感；消费者在消费其他产品的时候往往会面临着诸多风险，消费者为了避免这种风险故而更多的时候选用同一品牌，品牌忠诚进而得以强化；消费者消费具有良好信誉的产品可以在其他消费者面前展示自己具有较高素质或水准等的需求，消费者为了展示自我形象从而更多的时候表现出品牌忠诚。商家为此需要保持产品品质的一致性并更好地了解消费者的形象，以便能够使自己的产品具有更好的卖点。小李的粥生意经过潜心研究不断创新，形成了两大系列上百个品种，小李将原来的普通粥生意变成了花粥博览会，这么丰富的粥食品不仅能够让消费者享受口福而且能够一饱眼福。消费者在消费的时候还会增长很多有关营养粥的知识，小李是一个精明的生意人。

第3课 注重调研

引子

要想了解那个市场，就要将自己放到那个市场当中去。没有人天生就是行家，只有多接触、多思考、多询问才能够产生聪明、正确的想法。商家从来都不是一个理论家，不需要对自己的生意做理论分析，而是要做一些看得见、摸得着的事情。产品好不好不能由商家自己说了算，消费者的意见才是衡量产品质量的“定盘星”。商家要为消费者提供心仪的产品，就要从“闺房”中走出去，用恰当的方式让消费者掏心窝子说话。了解产品中存在的不足、了解消费者需要什么。要了解不同层面的消费者，听听不同的声音，对已经生产的产品或者将要生产的产品有一个客观全面的了解。商家可以通过非正式方式在不经意间了解到非常重要的信息，通过正规调查方法反而会让被调查者引起警觉。在电视剧《闯关东》中朱开山的大儿子的饭馆做得非常红火，关键在于有自己的招牌菜，饭馆炖的牛肉和鱼所具有的诱人味道是其他饭馆无法比拟的，这种让人产生“绕梁三日”感觉的美味并非朱开山的大儿子坐在家中杜撰出来的，通过走进农家院拜访亲戚和与小店老板饮酒攀谈，才将制作美味佳肴的秘方淘换来。绝美的风光在山巅，绝好的思想在民间，调查能够让商家变得更加聪明，从而开发出更多的发财机会。

要想成功做买卖就要了解市场，对市场不做认真调研就开始做生意，无论是小老板还是大老板注定都是“盲人瞎马”。只有被消费者认可了的产品才是不错的产品，因为产品毕竟是为消费者生产的。商家一定要通过适当的调查方法获取一手信息，对消费者的需求作出准确判断，从而让商家的“供”与消费者的“需”之间实现无缝对接，商家的产品适合了消费者的需要，产品就能够卖出去了，商家也获得了收益。在一般人看来，只有事先设计好一张问卷，然后让被调查者填写问卷，回头再详细地分析调查问卷，这才是调查。实际上调查方式多种多样，不一定必须要采取调查问卷方式。人们通过读报纸、看杂志、看新闻、与朋友聊天等方式都可以了解到最新消息，商家通过这些渠道都可以达到调查的目的。这几种方式的调查虽然是非正式调查，但能够有效地捕捉到很重要的信息。商家最实用的调查分析并不需要建立繁琐的数学模型，也不需要进行繁琐的逻辑推导。商家一定要将自己投入到市场环境当中去，针对自己所面临的问题，通过力所能及的方式获取信息就行。商家的目标是着眼于解决问题，而不是为了完成一篇学术论文。在分析中要将华而不实的东西剔除，留下的才是最需要的精华。

趣味营销故事

茶叶生意的“曲径通幽”路

小俞是浙江人。浙江是个生产茶叶的好地方，但是农民由于观念陈旧以及没有好的销售渠道，致使好茶卖不上好价钱。小俞开始在茶叶的销路上做文章，不能守着金饭碗要饭吃。在为茶叶找“婆家”的过程中，小俞最初觉得直接从茶叶上下手有困难，所以改变了战略战术，从盛茶叶的茶筒上做文章，让消费者通过爱上茶桶爱上茶叶，为自己的创业开创了一片新天地。小俞从消费者的嗜好入手，为消费者奉献上了地道的茶叶。小俞通过“曲径通幽”的迂回战术，逐步打开了茶叶市场，让自己的茶叶有了用武之地。

小俞在闯茶叶世界的过程中，将着眼点放在了北京。小俞虽然没有到过北京，但对北京的马连道茶叶一条街早有耳闻。北京不仅是一个政治中心，还是一个文化中心。将自己的茶叶打入北京就等于向全国吹响了号角。小俞于是只身闯京城，将家乡的茶叶打入北京市场，以便尽快改变家乡人守着好茶叶受穷的状况。将自己的茶叶打入马连道是非常不容易的，刚到北京的小俞只能打“游击战”。通过走街串巷的方式销售家乡的茶叶，但是这种销售方式，售出的茶叶很有限。人们对这种方式销售的茶叶总是半信半疑，因为茶叶出了问题时消费者没有“坟头”哭。小俞的“游击战”战绩非常差，大半年下来挣得的收入只能维持基本花费。按照这样的方式发展下去，是没有办法拉动家乡的茶叶产业发展的。小俞心急如焚，满心希望有一个救命稻草能够改变自己的生意局面。出师不利的小俞只能从其他角度在茶叶上寻找转机了。

在细心观察中小俞终于发现了端倪。小俞看到，北京人购买茶叶的时候，商家一般都是将茶叶用包装纸包成四方块，然后用纸绳系好递给消费者。据说这是祖宗传下来的一种茶文化，但是这种售茶方法不仅看上去很简陋，而且消费者将茶买回家中后也很不容易保存。茶叶长期放在纸包中就会受潮和变味。小俞开始在茶叶的包装上做文章，争取能够赚到一些钱，改变自己进京以来的经济状况。小俞决定先不卖茶叶了，转而卖茶叶筒。小俞从浙江一下子购进了十箱茶叶筒，开始向茶叶店逐个推销。茶商在卖茶叶的过程中一直没有用茶叶筒装茶叶的习惯，开始的时候都拒绝小俞。但是在小俞伶牙俐齿的游说下，还是有为数不多的茶商表示试试看。茶商的茶叶配上小俞推荐的精致茶叶筒，让茶叶的销售量开始增加。小俞与这些茶商再次见面的时候，茶商主动提出购买茶叶筒的要求，小俞的茶叶筒开始走爆市场了，小俞购进的精致茶叶筒一般在北京到货不久就让茶商抢购一空。

小俞没有想到一个小小的茶叶筒拯救了自己的命运。小俞赶紧与生产茶叶筒的厂家签订了在北京的代理权，全力向茶商供应各种精致的茶叶筒。小俞在茶叶上没有赚到钱，反而在茶叶筒上挣到了自己的第一桶金。忙活一年下来，小俞粗算了一下，从经营茶叶筒上面，自己少说也赚到了100万元。小俞在茶叶界开始有了名气。创业的初步成功让小俞在北京有了立足的资本。在不放弃茶叶筒生意的同时，小俞开始有了更多的心情思考先前没有做成功的茶生意，小俞并没有忘掉自己这个老本行。为了将茶叶生意进行到底，小俞开始走街串巷了解北京的茶文化。小俞发现北京人非常喜欢茉莉花茶。小俞看到一个材料，说北京的茶叶市场上，茉莉花茶的份额占到了95%。这样的信息让小俞如获至宝。从小就在盛产茶的土地上成长的小俞对茶叶非常了解。茉莉花茶是对普通茶进行熏制后生产出来的。根据熏制过程中加入的茉莉花的多少不同，茉莉花茶的香味浓度也不同。小俞在了解中知道，目前市场上大部分茉莉花茶只是经过茉莉花熏制一两次，这样的茉莉花茶只能做到淡香，茶泡一两次之后就完全没有了茉莉花的香味。如果在市场上投入浓香的茉莉花茶肯定能够得到消费者的钟爱。小俞从自己的家乡采购了一批好茶，然后将茶叶运到全国最大的茉莉花茶加工基地。小俞的目标是要制作出上等的精品茉莉花茶。

在茉莉花茶的熏制工艺中，一般的茉莉花茶只熏制一两次，小俞要求对自己的茶熏制六次。小俞在制茶的过程中付出了高昂的费用，但是也收获到了精品茶。小俞带着满心的希望将自己精制的茉莉花茶运到了北京。心想喜欢喝茉莉花茶的北京人见了这样的上等茶后，肯定会风云而至将自己的茶抢售一空的。但是小俞的茶在北京市场上并没有受到这样的待遇。小俞在无奈之余，只好将自己的茶用各种精致的罐子装好后作为样品让经销商试卖。为了增强自己茶叶的感召力，小俞特别告诉经销商，将自己的茶叶摊开散放在柜台上最显眼的地方，目的在于让消费者"路过闻香"，并且泡上茶让消费者免费喝水。小俞的这招果然灵。由于小俞的茶是经过六次熏制而成的、茶叶浓郁的香味让消费者感到非常好奇，消费者不免都要问一下这种茶，并且稍微购买一些拿回家。小俞的茶得到了消费者的认可，回头客越来越多了。经销商也纷纷向小俞打电话进货。很多经销商都是向小俞预付款争着抢着要这种茶。小俞的事业发生了翻天覆地的变化。"多香"茶叶公司的成立让小俞结束了"游击战"的历史。

小俞生在茶乡，但是祖辈人并没有依托这种高品质茶致富。小俞的恒心让家乡的茶有了不一样的局面。小俞在闯世界的过程中也经历了一波三折。但是智慧的小俞让茶叶筒为自己奠定了财富基础。小俞最开始只是一心想着卖茶，但并没有弄清楚消费者喜欢什么样的茶。弄清楚消费者喜欢喝什么茶，让小俞的茶事业发生了质的变化。小俞的茶经过六次茉莉花熏制，与传统的茉莉花茶形成鲜明对比，让自己的产品在同类产品中脱颖而出。

葫芦的“表面”文章

“在桃核上作画”这样的事情很多消费者是比较熟悉的，因为在中学的时候人们都学过一篇叫做《核舟记》的文章，人们对雕刻师的那种绝妙的作画技艺是赞不绝口的。在葫芦上作画应该还是比较新鲜的。小丁就是在葫芦上作画的专家。与其他人不同的是小丁作画的画笔是一把电烙铁。在作画的时候没有颜料，没有底稿，伴随着缕缕青烟升起，一件活灵活现的作品就跃然葫芦的表面了。

小丁还没有大学毕业就已经是拥有两家店铺的老板了。小丁在葫芦上作画的求富生涯是从一次偶然的机遇开始的。小丁一次在街上闲逛，遇到了一个在地摊上出售“葫芦画”的民间艺人。小丁被这位艺人的画工迷住了。小丁向这位艺人讨要了一包葫芦籽，第二年小丁就收获了很多非常漂亮的葫芦。有了葫芦就有了作画的基本材料了，但是小丁从来没有在葫芦上作画的经验。为了练好自己在葫芦上作画的基本功，小丁找来了很多有关在葫芦上作画的光盘，开始学着别人的样子在葫芦上作画。开始作画的时候，小丁首先用铅笔在葫芦上打好底稿，然后再用烙铁沿着画好的底稿描，由于在作画的过程中手中的电烙铁用力不均匀，总是把葫芦烫坏。在损坏了几个葫芦之后，小丁终于能够在葫芦表面非常流畅地作出图画了。小丁开始对在葫芦上作画着了迷。在一次手工创作作品展示会上，小丁的葫芦画赢得了手工爱好者的热捧。小丁突然感觉到，在葫芦上作画不应该只是自己的一项爱好，应该将其做大做强，并发展成为自己的一项事业。小丁开始创建了自己的“葫芦画工作室”。

小丁的作品赢得了消费者的喜欢。小丁将自己的美术功底与葫芦手工紧密地结合在了一起，认为消费者对自己作品的认可，实际上并不完全沉迷在自己的画工上面，人们看重的是葫芦画可以带来一种完全不同的消费享受。从美术层面上来讲，在葫芦上作画与在纸上作画没有太大差别，只是作画用的“纸”和工具不同而已。在葫芦上作画就需要追求意境，这是在平面的纸上作出的画所无法表现出来的。在小丁的精心琢磨下，“葫芦工作室”中的作品非常丰富，不但有电烙铁作画产品，还有在葫芦上进行雕刻、彩绘方面的作品，小丁将很多动画片中的人物造型通过自己的作品体现了出来。因为葫芦非常精巧，所以小丁打算将作品向葫芦娃、不倒翁、机器猫、笨笨熊等摆件方面发展。消费者拿在手中可以握得住，放在案头也不碍事，成人小孩都非常喜欢，这样一来产品的市场就会非常大。小丁认为，现在的市场除了挣女人的钱就是挣小孩的钱，所以小丁打算将自己的产品向小孩喜欢的产品方面发展。

虽然小丁的生意才起步，但每个月 3000 元左右的收入已经是比较可观的了。小丁踌躇满志，下一步打算在自己的工作室中开设“葫芦雕刻教学班”，年轻的父母都有望子成龙、望女成凤的愿望，葫芦本来就是非常好玩的东西，让孩子们参与到葫芦作品的创造过程当中来，肯定会顾客盈门的。这样的生意，不仅可以让自己桃李满天下，而且可以挣得个钵满盆满。小丁开始为这个生意做充分准备，小丁打算主要在周末开设这样的教学班。因为在周一到周五期间幼儿园和小学生都在上学，自己的致富事业不能与学生的上学课表相冲突。在暑假和寒假期间就要全天候运转了。这两个假期可不能错过，这是自己捞银子的最佳时间段。

在葫芦上作画的人很多，小丁并不是第一人，但是小丁是美术专业出身的，具有非常深厚的绘画功底。这样就为其在葫芦上作画提供了很好的前提条件。小丁在街上偶遇卖葫芦画的老先生，对于小丁而言是一次机遇，而对于很多在场的其他人而言，只是观赏一下而已。这次偶遇居然成为了让小丁开创自己事业的转折点。小丁在大学毕业之前就开始了自己的这项事业，走在了同龄人的前面。在小丁的理念中，大学的终极目标除了学习知识外还要掌握谋生本能，只有通过学习知识改变自己的命运才是上学的真正目标。小丁过早地将自己的美术技艺转变为了谋生的财富。善于抓住机遇，并将好奇转变为行动，这是小丁超出同龄人的地方。小丁的经营思路是非常宽阔的，认识到消费者看好自己作品的原因。只有在选题上新颖别致，并且能够与葫芦很好地结合在一起，才能够让自己的产品有美好“钱”程。小丁虽然很年轻，但是在创业的道路上不辞辛苦，不但会用电烙铁作画，而且会雕刻和彩绘，多种样式的产品让消费者目不暇接。只要到店中来的消费者，总有一款自己喜欢的产品。在自己的生意逐渐走好的过程中，小丁还在积极拓展市场，将自己的产品集中在了小孩子喜欢的方面，并且将着眼点由卖产品向卖技术方面发展。小朋友到这里来作画，寓学习于娱乐之中。小朋友玩得开心，小丁的钱就会挣得舒心。

|挖掘消费者背后的事|

市场调查对产品营销具有重要影响，速溶咖啡就是这方面的典型例证。速溶咖啡开始面市的时候销售状况并不是很理想。实际上速溶咖啡的品质也是非常不错的，但是商家就是不明白其中的道理。为了搞清楚速溶咖啡市场欠佳的原因，专家们特别进行了市场调查。工作人员事先准备好了两种购物单，两个购物单上的项目除了有关咖啡这一项不同外，其他的均相同，一个购物单上写的是速溶咖啡，另外一个购物单上写的是新鲜咖啡。将这两个购物单分别交给两组被调查人员，对购物的主妇进行评价。调查结果显示，两组被调查者对购物的主妇的评价是有差别的：购买速溶咖啡的主妇被认为是懒惰、邋遢和生活没有计划的人，部分被调查者认为购买速溶咖啡的主妇，生活浪费；相反，被调查者对购买新鲜咖啡的主妇的印象是，勤快、节俭、生活有条理、喜欢做家务活。这样的调查结果，让速溶咖啡的生产厂家得到了一个先前从来没有意识到的信息：速溶咖啡能够让人们形成对家庭主妇的不好印象。商家推出速溶咖啡的目的是为了方便，但是消费者对速溶咖啡的看法却迥然不同。一个日常消费品能够与消费者的生活品质联系在一起，这是商家所没有想到的。任何一个家庭主妇都不愿意在别人的眼中形成邋遢、懒惰、浪费的印象。商家在推出产品的时候，单纯从让消费者方便的角度考虑问题，而没有从社会影响的角度考虑问题，就会为产品的市场拓展带来不利影响。经过市场调查，商家弄清了产品在市场拓展方面遇到的问题，下一步需要做的事情，就是从根本上改变人们的消费观念，让速溶咖啡不再与主妇的邋遢等不良形象联系在一起。

市场调查在产品拓展过程中发挥着重要作用。通过市场调查可以弄清楚商家关于市场的谜团。就像故事中的速溶咖啡一样，本来是一种非常好的产品，消费者只要将这样的咖啡用开水一冲即可，这本来与快节奏的生活是非常一致的，但是商家所想与消费者所想全然不一致，商家的好意消费者并不领情。调查研究的作用就在于，在商家的意愿得以实现的同时，消费者的消费愿望也能够得以实现。速溶咖啡在进一步宣传中，就要从为家庭主妇树立更好的形象方面着手，在广大消费者中间营造“喝速溶咖啡更加时尚”的理念，让购买速溶咖啡的主妇们不感觉到没有面子。当然速溶咖啡并不能完全取代新鲜咖啡。速溶咖啡虽然方便快捷，但传统咖啡在消费过程中，人们希望得到的那种感觉，是速溶咖啡所不能带来的。此前的市场调查大多集中在产品质量、消费者舒适性等方面，从心理方面做调查还是为数不多的。商家在推出新产品之前，除了需要考虑到产品硬件方面的因素外，还要从消费者的心理承受能力方面多加考虑，这样才能够让好的产品有好的归宿。商家推出产品需要建立在充分市场调查基础上，没有调查研究就没有发言权。建立在充分市场调查基础上，才能够让商家有的放矢，做消费者喜闻乐见的事情。只有这样，商家的“供”

与消费者的“需”之间才能对称。消费者在消费产品的过程中得到满足，商家在提供产品的过程中也才能够赢得更多收益。

成语与营销

伯乐相马
——名人策略

韩愈在《马说》这篇文章中有这样的论述：“世有伯乐，然后有千里马。千里马常有，而伯乐不常有。故虽有名马，祗辱于奴隶人之手，骈死于槽枥之间，不以千里称也。”这段话的意思是：世间有了伯乐，然后才有千里马。千里马经常有，但是伯乐不常有。所以即使有名马，也只是辱没在低贱的人手里，和普通的马一起死在马厩里，不用“千里马”的称号称呼它。伯乐在识别千里马的过程中具有非常重要的作用。伯乐可以慧眼识才，将千里马从普通马中区别出来。伯乐由于在识别千里马方面具有超人的技艺，所以在马的识别方面具有高度权威。伯乐由于在这方面享有盛誉，所以在相马这个圈子中也就具有了“学术泰斗”的地位。伯乐是专家，人们非常相信伯乐的话，人们借助伯乐的发言可以不用费力气就能够得到真正的千里马，所以伯乐是社会的福音。

伯乐相马能够很好地产生名人效应，在名人效应的影响下，人们非常看重伯乐选中的马，很多人就会在名人的指引下得到千里马。这种策略在现代市场营销中也被广泛应用，商家喜欢用名人为自己的产品做代言，名人是公众人物，受很多人喜欢。人们喜欢明星的同时，也就会对明星使用的产品倍加关注。所以利用名人可以在较短的时间内拉动产品的销售市场。国内外的很多明星都频频出现在商业广告中，为商家现身说法。在为商家做广告的过程中，不但提升了产品的名气，而且明星和商家都得到了不菲的收益。明星们现身说法，在消费者中间创造了很多知名品牌。消费者在享用某种产品的时候，一般都会与为该产品做广告宣传的明星联系在一起。年轻一代在产品消费过程中的明星情节还是非常深刻的，追星族对明星死心塌地地忠诚，明星的一言一行对追星族都会产生这样或者那样的影响。

既然明星让人们这样着迷，用明星为产品做代言自然是商家的理性选择，虽然此间商家需要付出较大花费，但相对于取得的巨额收益而言，这些事先付出的开销都是小意思。明星在人们的心中形成了很好的形象，人们会对明星代言的产品深信不疑。但是如果明星对所代言的产品根本没有使用的经历，甚至对所代言的产品的质量毫不知情时，消费者在消费产品的时候就会给自身招致伤害，这样的明星对于产品而言也称不上是“伯乐”，所说的话也是言不由衷。在法律监管不到位的情况下，明星代言产品也曾出现过问题，不法商家不但欺骗了消费者也欺骗了明星，消费者由于在使用产品的过程中受到了伤害而对明星的看法发生了改变。某明星代言问题产品，说明某些明星并不是抱着对消费者高度负责任的心态对产品做宣传的，利益成为了对产品做宣传的全部。消费者在这样的环境中也开始逐渐成熟起来。但是明星对于消费者的影响力并没有减弱，商家利用明星代言产品的热情丝毫没有降低。

在经济发展中商家越来越看重明星的商业价值，明星在大众的心中本来就具有很强的影响力，经过商业包装后，明星就会更加光彩照人，人们羡慕明星，并不在于明星光鲜的外表，而在于明星的高收入以及超乎常人的生活水平。一些普通人非常希望自己将来会成为明星人物，所以与明星相关的消费自然不在话下。商业活动是在利益链中进行的，但是单纯的利益驱动就会诱导出很多问题。明星效应在没有合理利用的情况下就会对社会造成不良的影响。所以，商家在利用明星对产品进行宣传的过程中，要同时受到相关层面的法律约束，遏制负面影响发生。各行业都有自己的明星，演艺明星、体育明星、学术明星等对于商家而言都有利用价值。但凡有实力的商家都要借助明星的影响力迅速扩大产品的影响。这样的商家从而会在短时间内从众多的同行中凸显出来。商家的产品在消费者中间就会呈现强劲的号召力，让人们对商家的产品趋之若鹜。

创业与营销

时尚的土鸡蛋

小樊大学毕业后就开始做起了土鸡蛋生意。当时正逢自己的一个亲戚要转让摊位，小樊非常高兴地揽下了亲戚的摊位并开始了卖鸡蛋的生意。大学生卖鸡蛋在当时也招致不少人的冷嘲热讽，但是小樊硬是坚持了下来。自己摊位上的土鸡蛋生意非常红火。由于生意非常好，小樊特意将自己所售卖的鸡蛋命名为“小樊鸡蛋”。这个牌子不但保证了鸡蛋的真实性而且保证了鸡蛋的信誉。小樊在收购鸡蛋问题上一点也不能马虎，即使是自己的亲戚也不留情面。小樊为了保证鸡蛋的品质，将收购来的鸡蛋划分出等级。这种举措不仅吸引来了很多消费者而且吸引了很多大商场加盟，在苦心经营下，小樊终于打开了“时尚土鸡蛋”的市场。“时尚土鸡蛋”的成功有很多诀窍。

第一，在相同中创造差异。小樊开始在市场上卖鸡蛋的时候，自己也是与其他人一样卖鸡蛋，自己的产品与其他同类产品没有任何差异，所以生意一直非常平淡。鸡蛋本来就是一个非常平常的产品，如果没有绝招就不能够在同行中胜出。所以在普通的产品上做文章并且能够让消费者“中计”，就需要商家有足够的智商。这需要在产品上做文章。消费者对产品进行关注，首先看重的是商品形式上的不同，其次才会进一步关注商品的品质。“姑娘”首先要长得漂亮，这才会引起“小伙”的关注，否则即使“姑娘”有再好的内涵，在爱情市场上也不会门庭若市的。为了改变自己的生意轨迹，就需要在同类产品中创造出不同。卖土鸡蛋就是小樊的选择。“城市人需要吃上正宗的土鸡蛋”就是小樊的思维基础。将自己所售卖的鸡蛋由原来的普通鸡蛋变成土鸡蛋使得小樊的生意逐渐做大。

第二，用签名让顾客放心。看到自己卖土鸡蛋赚钱，于是市场上就出现了多家卖土鸡蛋的摊点。原先到自己这里买鸡蛋的顾客一下子流失了不少。因为小樊的做法非常简单，市场上的其他人马上就会模仿。所以一定要想出一种更好的办法来，这种办法力求只有自己能够做，而其他人不能模仿，这样才能够使得自己的生意永远火爆下去。为了吸引消费者小樊的做法就是给每枚鸡蛋签名，小樊的这招果然非常灵，因为签名是其他商家无法仿效的。签名对于小樊而言就意味着信誉，在商家没有办法保证这样的信誉的时候是不敢轻易签名的。小樊承诺，当顾客发现以次充好的时候就可以凭此签名退换，以便让顾客彻底放心。小樊此举得到当地晚报的报道。小樊在传统中找到了时尚的营销点，使其生意更加红火。

第三，给鸡蛋贴生日标签。鸡蛋也有生产日期，这在一些人认为是新鲜的事情实际上并不新鲜，任何食品在售卖时都要标注生产日期，这与食品的品质是密切相关的。自从鸡蛋出生那天起，随着时间的延长鸡蛋的品质会变得不一样。任何消费者都希望自己购买到新鲜的鸡蛋，但是购买最新鲜的鸡蛋就需要支付较高的价钱。鸡蛋的“岁数”越大就越不值钱，消费者为了图便宜，就可以用较低的价钱购买“岁数”较大的鸡蛋。小樊的这招实际上是在将时间作为商品出售，这一点是其他商家没有想到和做到的。小樊在收购鸡蛋的时候就让供货人贴上鸡蛋的生日标签。用这种方法让消费者感觉到土鸡蛋的差别，让消费者按照鸡蛋的新鲜程度支付有差别的价格，小樊在获得更多收入的同时也让消费者消费到了满意的产品。

第四，以差别包装寻卖点。土鸡蛋入驻沃尔玛为小樊提供了新的发展机会。沃尔玛是著名的超市，在这里销售自己的产品，不仅能够提高自己的产品知名度，而且可以扩大销售量。这样的机会把握住了，就相当于给自己的土鸡蛋镀金了，让土鸡蛋变成了“金鸡蛋”。为了把握住这个机会，小樊特别购置了包装设备，将收购来的土鸡蛋按照二枚、四枚、六枚、八枚、十枚等数量进行包装，包装后的土鸡蛋不但外观更加漂亮，而且在很大程度上减少了运输途中的破损量。传统的土鸡蛋经过包装后显得更加时尚，在超市的柜台上秀出更加诱人的魅力。消费者可以按照自己的喜好程度购买不同包装数量的鸡蛋。鸡蛋拿在消费者手中，不但非常方便，而且非常体面。因为这样的鸡蛋与普通鸡蛋的“含金量”是不一样的。

致富经 保障信誉赢得财富

土鸡蛋乍一听就土得掉渣儿，这样的商品能够在市面上打出天下肯定不容易，但是就是这样土得掉渣儿的鸡蛋成为了能够让消费者喜闻乐见的消费品。大学毕业生做这样的生意不但需要勇气，而且需要灵气。对于一般的农产品而言根本就没有名号，鸡蛋作为一种司空见惯的农产品更是没有名号，但是“土鸡蛋”居然能够成为家喻户晓的“洋鸡蛋”、“金鸡蛋”，经营者最出色的招数就在于能够用自己的信誉保证鸡蛋的品质：在鸡蛋上签名和给鸡蛋做生日标签，这些都是很好的招数。经营者最关心的也是消费者最担心的，经营者需要用巧妙的招数化解消费者心中的疑团。在消费者都非常关注产品质量的情况下，经营者从消费者最关心的这个层面入手，自然就能够打动消费者的心扉。有了产品的含金量后再给产品一个光鲜的外表，即用种类丰富的包装美化商品，让消费者购买该产品更加方便。商家这样做，表面上是为消费者着想，实际上是经营者拓宽产品销路的良苦用心。

第 4 课　锁定目标

引子

只有锁定目标消费者，商家才能够将自己的产品如期地售卖出去。市场上每一件产品都有其相对固定的目标消费者。乞丐装、文化衫、窟窿服并不是所有人都愿意消费的，商家只有将合适的产品卖给合适的人，才能称心如意地赚银子。为了锁定目标，商家首先需要做的就是，要明确自己的产品是给谁生产的。如果商家生产一种针对老年人的保健品，在宣传的时候就要将“炮口”对准老年消费者，产品宣传过程中要强调功效，因为这才是老年消费者最为关心的。如果商家的目标是卖玩具，则其目标消费者就是儿童，商家要用新颖活泼的形式彰显玩具的可爱之处，让儿童消费者欲罢不能。实际上商家在生产产品之前，就已经锁定了目标消费者。产品生产出来之后，有针对性地进行营销，只是策略问题。只有准确把握目标消费者，才能够让商家的财富之树长青。任何一个商家都不可能做到“通吃”，商家要根据自己的优势，将自己的服务对象从林林总总的人群中分离出来。商家只有能够做到让消费者进行“爱情转移”，才能主动赢得目标消费者的爱。商家只要感情专注，并且愿意为这份感情投入更多，消费者就能够做到“爱你一万年”。

每个商家都不是万能的，有自己的优势和劣势，只有充分发挥自己的长处并将自己的产品奉献给产品的“意中人”，才能够产生“情人眼里出西施”的效果。商家要在商品与消费者之间扮演好“红娘”的角色，给产品找到合适的“婆家”。商家要集中全力锁定目标，就要付出很大的努力。商家在寻找目标之前首先要明确选择标准，这个标准是围绕自己的商品设计的，从商品角度出发从人群中挑选出需要自己商品的消费者，然后为这些消费者真诚地奉献上产品。目标并不是静止不动的，随着社会经济发展，各种因素的影响会让消费者的需求产生变化。消费者的审美情趣、价值观念等都会变动，这就需要商家不断地把握消费者的最新动向。从这个角度来讲，商家还扮演着“狙击手”的角色，狙击手的瞄准镜要根据目标的位置不断进行调整，只有这样，狙击手才会弹无虚发。商家做事如同做人，人虽然可以在一定程度上伪装自己，但是骨头里那些与生俱来的东西是很难发生变化的。商家的产品就带有人的情愫，产品的风格一旦定格，就不要反复变化，否则不但会失去先前的消费者，后继的消费者也会对产品捉摸不定。商家感情专注才不会浪费感情，才会让消费者成为产品终生的“粉丝”。

趣味营销故事

靓丽人生从头开始

小李从事理发工作很多年了，在发型设计方面有自己的独到见解。一把理发剪在小李的手中上下翻飞，不长的时间就让消费者的头上呈现出让人叫绝的图案，小李的理发馆也因此在附近有了名气。很多人都到小李的发艺馆对自己的脑袋做文章。来理发的人虽然有中年和老年，但为数居多的还是儿童，小男孩是小李发艺馆中的主要顾客群。小李将绘画艺术与理发很好地结合在了一起。首先将小朋友的头发理成两毫米短，然后就开始在头上描眉画眼。可以根据人们的需要写出福禄寿喜等文字形状，也可以描画出各种喜兴的动物图案，在各种动物图案中，小朋友最喜欢十二属相图案。小李为了迎合消费者的需要，特别买来了一台电脑，在电脑上以人的头顶为基础，开始作出各种各样的图案形状，诸如地图的轮廓、山脉河流的形状、体育运动的象征性符号、体现家庭和睦的图案、大型动物以及常见果实的图案等。小李将自己的拿手好戏打印出来后张贴在墙上，告诉小朋友这些图案都是自己最为拿手的。只要小朋友从中挑选出任何一幅图案，小李就能够在小朋友的头上设计出来。在爷爷奶奶过生日的时候，小朋友都要在头顶上写出福禄寿喜等字样，小朋友自己过生日的时候也要在自己的头上描画出自己的属相。小李认为在头上作画有一个巨大的市场。现在的年轻父母谁也不在意几十元钱，在特殊的日子中，多给小孩创造一份幸福是年轻父母的愿望。为了给自己的生意打开局面，小李除了在自己的店内和店前做广告外，还将广告做到了幼儿园门口。在小朋友放学的时候，在幼儿园门前早有家长在那里等候了。小李将事先做好的宣传卡发放给各位家长，在发放宣传卡的同时，也送上一个精美的小礼物。小李为自己的产品命名为“小儿郎创意发型”。这种在脑壳上作画的理发方法还是很少见的，人们都感到非常新鲜。为了赢得更多消费者，小李特别推出“周末前三名免费理发”的优惠措施，还推出消费者在生日这天理发可以半价的措施。小李的这招果然灵，小李的理发馆很快就传遍了大街小巷。周末往往出现排队理发的局面，小李的生意开始红火了起来。

在脑壳上作画的创意发型是小李的理发馆出彩的地方。小朋友的头上有了一幅这样的图案，会为小朋友带来不一样的心情。小李以敏锐的眼力发现了市场上存在这样一种消费需求，并且通过恰当的方式打开了自己的财富之门。小李将这种产品的消费群体锁定在幼儿园的小朋友身上，这种定位是非常准确的。幼儿园的小朋友对各种事物都好奇，但是对事物中蕴含的意义全然不晓得。这样的创意发型更加能够衬托出孩子的天性。每个家长都希望自己的孩子是这样的。所以小李推出的创意发型产品，多少能够表达一些年轻父母的这种心意。理发馆满大街都是，但是像小李这样的创意理发馆是绝无仅有的。小李将目标消费者锁定在孩子身上，在满足他们好奇心的同时也让父母和祖辈都很高兴。传统理发并没有在这方面大做文章，现代人的生活追求越来越高了，人们要从头到脚地装扮自己。成年人有成年人的打扮方式，年轻人有年轻人的打扮方式，小孩子也要有一个表现出自我的适当方式。小孩子的表现方式自然不能与成年人画等号。活泼、顽皮是孩子的天性，小李的创意发型，将孩子、父母的需求很好地融合在了一起，产品最能够吸引人们眼球的地方就在于能够让孩子的父母有好心情，这是中国人“根消费”的一种选择。小李找到了合适的营销方法、合适的消费者，使得自己在凭借传统理发方式赚钱之外又找到了一个财富增长点。

生日报纸

李大爷是一个收购废品的，每天走东串西的也挣不到几个钱。自从退休后觉得在家中闲着没事干，年轻时又没有学到什么手艺，离开了工作单位后感觉心中没了着落。推着一个三轮车整天忙活着，日子还算过得很充实。但是这样收废品、卖废品并不能挣多少钱，虽然自己有些退休金，但生活并不宽裕。心里想：如果能够有一个挣钱较多的营生就再好不过了，这样就能够积攒一些钱。这天李大爷在街上推着三轮车走着，迎面过来两个年轻的女孩，有说有笑的。其中一个人说：想不到我与国家领导人是同一天生日呢，后来我查了一下，我出生这天，世界上发生了不少大事情呢！两个小姑娘有说有笑地与李大爷擦身而过。李大爷对年轻人充满了羡慕，这样无忧无虑的生活才能够算得上是幸福。这天回到家后，李大爷总觉得心里好像有一件事情放不下，后来反复琢磨，忽地想起来，原来是白天与自己擦身而过的年轻人说到的生日的事情。李大爷想到：生日是每个人一生中最重要的事情，人们肯定比较希望了解自己生日这天世界上发生的事情，自己每天都会收购很多旧报纸。如果将这些报纸按照日期分类，就会与很多人的生日相合。也许这样就会引起很多人的购买兴趣。为了让自己的点子更有创意，李大爷将自己的报纸命名为"生日报纸"。李大爷越想越高兴，感觉自己的这个点子实在是太有创意了。原来自己收购报纸后论斤向收购站出售，如果"生日报纸"能够得到消费者的垂青，自己就能够翻几番挣钱了。想到此后，李大爷就连夜开始工作，将手头的报纸按照日期进行分类。这是一项非常繁杂的工作，但是由于李大爷的心中揣着一个梦想，所以再繁忙的工作也不感觉到累。

李大爷说干就干，将分类的报纸摆在货摊上，将"生日报纸"这样鲜明的招牌挂在货摊最显眼的位置上。李大爷的生意开张不久就引来了很多人围观，毕竟"生日报纸"这种提法非常新鲜，人们都要看一看到底是怎么回事。来货摊前购买报纸的人大多是年轻人，一些年轻人往往会在货摊前翻弄半天，想找出自己生日那天的报纸。由于李大爷放置报纸的方法没有顺序，所以消费者买一份报纸往往需要花费很长时间。李大爷认为自己的工作需要改进，请了木匠给自己做了一组柜子，柜子中共有365

个格子，每个格子对应着一天。李大爷将报纸按照日期分别放入相应的格子中。这下子消费者购买“生日报纸”的时候就非常方便了。只要消费者提出购买哪天的报纸，李大爷会在非常短的时间内找出。李大爷的“生日报纸”的名声不胫而走。有些年轻人购买报纸是出于有趣，有些年轻人购买报纸则不是为自己，而是给自己的爸爸妈妈购买。现在的年轻人工作很忙，不经常与父母见面。在父母生日这天除了送上其他礼物外，还要送上这份与父母的生日日期相同的报纸。父母感到这样的礼物非常另类。父母会由衷地感到高兴。李大爷没有想到“生日报纸”中还能够蕴含“孝道”的意思，于是在经营上更加愿意花心思了。找专业人士为自己的产品设计出了精美包装。有了精美包装之后的“生日报纸”就显得更加金贵了。李大爷在收购报纸的过程中特别对报纸进行了分拣，将具有趣味性和报道重大事情的报纸进行特别标示，凡是这些日子的报纸都要高价出售。李大爷收购报纸的心情与先前有了很大的差别，同样是报纸，现在给自己带来的收入已经今非昔比了。

李大爷将普通的报纸变成了“生日报纸”，一个点子给自己创造了更多的财富。普通旧报纸都是按废纸卖的，“生日报纸”则是按照高价商品卖。同样是旧报纸，在消费者心中的形象发生了变化。人们可以从旧报纸中找到更多快乐。虽然每个人一年中只有一次生日，但是李大爷的商品在一年中天天都是生日。每天都会有消费者光顾李大爷的摊位。李大爷虽然没有太多学问，但是在创富过程中潜在地运用了营销道理。李大爷借助“生日报纸”这个好创意让自己的生活有了转机。

玩“穿越”婚礼

良缘婚庆公司打算再让自己的生意火上一把，于是开始琢磨让婚庆更加富有特色的办法。"穿越"这个词汇让该婚庆公司有了想法。让新郎和新娘穿上古装，听着古人的音乐，念着古文，用着古人喜欢用的餐具、吃着古人吃的饭食，如果进行一场这样别开生面的婚礼，肯定会让包括一对新人在内的所有人终生难忘的。人们以往都是看"穿越"大片，坐在电视屏幕前看着别人穿越。现在自己要做主人公了，自己要在穿越中扮演主角。一对新人要在自己的婚礼上过把"穿越"瘾。良缘婚庆公司在打定主意后，就开始筹划相应的事情。首先赶制出来了一套盛唐时期的服装，对这个时期的文化进行了充分研究，从餐具到婚礼上的摆设都极力营造出一种唐朝氛围。婚庆公司要为一对新人制作请帖，请帖全部用古文写成。一对新人在婚庆场面上也要用古文方式念结婚誓词。虽然婚礼上的亲朋并没有穿上古装，但看着从唐朝"穿越"过来的一对新人，喜悦的心情不禁油然而生。良缘婚庆公司的目标在于，从开始到结束让一对新人"穿越"到古代的文化中。所以自小伙子从新娘子家中将新娘抱进轿车的那一时刻起，就开始"穿越"，一直到婚庆结束后，婚庆公司要将所有的精彩场面记录下来，给一对新人留下美好的回忆。

按照古代的习俗，新郎要用秤杆将新娘的红盖头揭开，这叫称心如意。一对新人要分别从头上剪下一绺头发，并用红头绳绑在一起以示"结发夫妻"的含义。婚庆公司为了烘托婚庆场面的"穿越"气氛，特别打造出了与穿越的时代相匹配的菜谱。让在座的所有人都感受到不一样的韵味。在一切准备就绪后，良缘婚庆公司就亮出了这个服务项目。没想到该服务刚刚亮相，就有几对新人成为了"穿越"婚礼的服务对象。婚庆公司不仅要通过这个新颖别致的婚礼大赚一把，而且要让这个别开生面的婚礼为自己的公司做宣传，婚庆公司意识到，在场的所有宾朋实际上都会成为自己这个服务项目的义务宣传员。良缘婚庆公司的这个项目第一炮打响了，赢得了在场所有宾朋的喝彩。婚庆公司在此基础上开始趁热打铁，又推出了秦朝和清朝的“穿越”婚礼，在拍照的时候采用黑白和彩色两种方式洗出照片。用黑白照片打造“穿越”的真实感。良缘婚庆公司因为这样的“穿越”婚礼让自己在同行中脱颖而出了。在良缘婚庆公司的带动下，很多婚庆公司开始打起了“穿越”的主意。

“穿越”是个很时髦的概念，先前人们只是说说而已，在古装戏里面也经常会看到这种神乎其神的镜头。婚庆公司将其用在婚礼上算得上是一种创新。在人们生活条件变好的情况下，都想在消费者身上别出心裁。婚礼是人生中的一件大事，别开生面的婚礼自然就能够给人们留下难以忘怀的印象。人们在婚庆问题上经历了一个过程，在生活条件比较差的年代，人们基本的生活问题都不能解决，吃的不享受穿的也不体面。婚姻一般也都是在媒婆撮合下促成的，人们这时候唯一能够记得住的就是一张结婚照。随着生活条件逐渐变好，“三转一响”开始提到议事日程上来，但是这时候也很少有专业化的婚庆公司，婚礼都是在朋友的帮助下完成的，人们凑在一起吃顿饭，大家在一起乐和乐和。这样的婚礼不会有太多花费。人们也不需要承受太大的经济压力。进入新的历史时期，在市场经济发展背景下，婚庆公司作为一个专业化的部门开始出现。腰包逐渐鼓起来的人们也开始更多地接受婚庆公司的服务，以便让婚礼更加隆重和体面。随着婚庆公司产业逐渐走向成熟，婚庆公司之间的竞争也开始加剧，能够为消费者提供不同凡响的婚礼就成为了更多婚庆公司的追求。消费者在婚庆问题上舍得花钱，但是花钱之后一定要达到理想的效果。五花八门的卓具魅力的婚姻庆典开始多了起来。“穿越”婚礼自然就会更加吸引人们的眼球。在这样的婚礼中，新人们不但能够拥有更加激动的心情，而且能够亲身体会一下拍古装大片的感觉，让自己的婚姻开一个好头。在这样的“穿越”婚礼中，需要在婚庆公司的带领下，新人要“穿越”到要到达的那个年代，所有的仪式都要按照那个年代做。新人们在这样的“古装大片”中着实享受了一个从未享受过的文化。良缘婚庆公司将浓浓的文化气息融入了婚庆场面中，让人们感觉到婚庆不是一个单纯的商业行为。婚庆公司虽然初衷是希望挣到更多的钱，但在为新人提供婚庆服务的过程中，也张扬了婚庆公司的文化品位。毕竟这样的婚庆场面，需要有专业人士懂得“穿越”到的那个年代的风土人情才可以，任何一个细节都要考虑周到。不然在婚庆中就会出现过多的让人贻笑大方的漏洞，不但不会为婚庆公司脸上贴金，而且让人们产生“婚庆公司是跳梁小丑”的感觉。

成语与营销

南橘北枳
——差异营销

在《晏子春秋·内篇杂下》中有这样的叙述：“橘生淮南则为橘，生于淮北则为枳，叶徒相似，其实味不同。所以然者何?水土异也。”意思是说，橘生在江南就叫做橘，生在江北就叫做枳，叶子以及植株长相没有什么差别，但果实的味道却有很大差异。为什么会形成这样的局面呢，原因就是水土不同呀。同样的植物生在了不同的地方，由于水土不同而生产出了不同味道的果实。说明当地环境对于植物的生长状态会产生重要影响。对于商家而言，即使售卖的是相同的产品，根据不同地方的风土人情，在营销策略方面也要作出适当调整，否则即使是好产品也不一定有好的归宿。差异化营销是商家越来越看重的事情。不同消费者对产品的看点是不同的，商家对消费者宣传产品的时候，要针对不同的顾客，介绍产品的不同特点，让消费者对产品产生好感。

同样品牌的产品，要有更多的款式、花色，这样就能够网罗住更多的消费者。让消费者在享受产品的过程中都能够实现自己的消费预期。

唯美陶瓷就是一个经典例证。唯美陶瓷作为陶瓷行业中的新秀，在拓展市场的过程中，准确地认识到了自己的不足，没有采取与传统的实力雄厚的陶瓷企业硬碰硬地生产抛光陶瓷，而是将产品的重点转向了防滑砖、仿古砖、环保透水砖等方面，由于这样的新产品当时在市场上还是很少见的。唯美陶瓷通过巧妙的思维方式，让瓷砖穿上了靓丽的衣裳。使得自己这个瓷砖新秀迅速在市场上赢得了属于自己的天空。江南春将自己的分众传媒也主要定位在楼宇广告层面，在不同的楼宇推出不同的广告内容。其思考前提是：住在不同档次楼宇中的消费者具有不同的消费能力，所以在不同的楼宇做相同的广告，就会导致无效广告增加，楼宇广告的目标就在于将信息传达给予其相应的消费者，让应该得到某种信息的人得到相应的信息。分众传媒通过差异化营销的方式做到“弹无虚发”，商家和消费者都得到了自己希望得到的东西。差异化营销实际上就是商家在认真分析市场的前提下，在商家与消费者之间尽量达到信息对称。商家要将其想为消费者提供的服务送到消费者心坎上。只有将好钢用在刀刃上，才能够提高资源的利用效率。

“市场上唯一不变的东西就是永远在变”，这句话已经成为了更多商家的智慧。不断分析变化着的市场，从而不断变化产品的营销策略，就能够让商家具有无穷的经济增长力。为此商家就需要有把握市场变化的智慧，要在变化的市场中为企业发展作出明智选择。海尔正是在发现农民用洗衣机洗地瓜造成排水管堵塞这个问题的时候，在很短时间内生产出来了“大地瓜”洗衣机，这是一款专门让农民洗地瓜的洗衣机。如果同样的事情被其他企业遇到后会一筹莫展，但海尔却在问题中发现了机会，以差异化营销为基础在很短时间内专门生产出来了一款洗地瓜的专用洗衣机，问题不但没有难倒海尔，反而为海尔创造了更多的盈利机会。从这个角度来看，差异化营销就是不断发现问题和解决问题的过程。商家不能按照既定的思维方式前行，逢山开路遇水搭桥，不断分析消费者的新的需求愿望，让自己的行动主动迎合消费者的需要。在动态变化中不断把握住更多的机会。明媚的春光虽然需要被动地等待事宜的气候，但是春色满园的魅力景观还需要自己主动创造，商家要在自己的“庭院”中“种花种草”，只有这样才能在和煦的气候条件下让自己的“庭院”中桃李芬芳。

创业与营销

秋爽内衣服饰

秋爽内衣服饰成立于20世纪90年代中期，生意也是一点一点做起来的。目前的主营业务是专门代理销售内衣服饰。公司代理的产品种类齐全，涵盖了从婴儿到老年各个年龄段的内衣，公司代理的各种内衣都非常注重产品品质。目前拥有连锁店百余家，特许经营店三百多家。为了吸引消费者，公司不但注重产品的品质而且还特别在意店面的装潢，让消费者在店内能够感觉到购物的温馨，虽然每个店面的面积都不是很大，但同样能够让消费者感觉到在大商场中购物的心情。公司全力打造内衣饰品专营店的形象，让百姓更加能够贴近生活和品味生活。在这种经营思想下，秋爽的宗旨就是“打造千店工程，铸造行业先锋”，为国人奉献上高品质的内衣，让普通百姓都能够享受上靓丽的生活。

在其他的服装企业全力出击服装产品的时候，秋爽内衣另辟蹊径，从内衣服饰做起倾心打造自己的品牌。成就了自己的财富梦想。

第一，差异化思维。秋爽的差异化思维方式为自身打开了一扇窗户，在人们普遍从外表穿着做文章的时候，秋爽内衣却打开了从贴身内衣发展生意的另类思维方式。因为消费者一直以来非常关注外在服饰，所以商家也就非常关注外在服饰。秋爽内衣率先从内衣服饰着手从内在层面服务消费者，让消费者马上意识到内在服饰也是可以进行雕琢的。在计划经济时期人们都穿着非常臃肿，外在服饰还不能打理好，没有人注重内在服饰。人们在生活逐渐改善的条件下开始有人思考内在服饰了，这自然能够为消费者创造出新的消费需求。秋爽内衣就是致力于打造消费者服饰的内在美，尤其是年轻女性，在寒冷的冬季也能够秀出靓丽的外表，秋爽自然会成为年轻女性的“宠儿”。当然秋爽内衣并非专为年轻女性打造设计，而是为普通消费者设计的。秋爽内衣非常清楚，每个消费者都需要消费内衣，用大众化的价格让消费者享受到高品质的产品，只有这样才能够让消费者接受秋爽推出的产品。

第二，连锁化经营。连锁经营是指特许者将自己所拥有的商标、商号、产品、专利和专有技术、经营模式等资源以特许经营合同的形式授予被特许者经营和使用的一种商业模式，被特许者需要按照合同规定，在特许者统一的业务模式下从事经营活动，被特许者需要向特许者支付相应的费用。这种方式使得所经营的产品具有统一形象、统一管理等基本特征，从而能够最大限度地保证产品和服务的质量。越来越多的产品知名度得以扩大的同时，也让其他有志经营该产品的经营者在经营过程中获得了较为丰厚的财富，该种商业运作方式最终使得特许者和被特许者能够达到双赢的目的。秋爽内衣站在市场经济的前沿，能够非常到位地把握住这种机遇，在内衣专营店方面率先占领市场，在消费者心底已经具有举足轻重的地位。在街道两边不时会见到秋爽内衣的富有朝气和特色的店面，让消费者在感受到秋爽内衣所具有的强大攻势面前也感受到产品旺盛的成长势头，消费者会认为该产品是信得过的。

第三，全方位宣传。消费者每当路过秋爽内衣店面的时候，都会听到喇叭中传出的有关产品讲解方面的清晰声音。秋爽内衣通过这种方式向消费者告知自己产品的最新消息，让消费者充分了解该产品。秋爽内衣知道，即使是这样也许有消费者还从来没有走进过秋爽的店中，但是也许在一个不经意的宣传中就能够打动这样的消费者，因为这个宣传所提供的信息正好是消费者正在苦苦搜寻的。所以秋爽这样做的目的就在于在消费者中间创造惊奇，让消费者对该产品进行感受，只要消费者能够走进店中，就不怕消费者不购买产品，也许消费者这次光顾店面时并没有购买产品，但在下次或者下次的下次就能够购买该产品。

第四，热情的服务。秋爽内衣的店员都非常勤快，走进店中的消费者无一不感受到店员对消费者的热情服务，消费者走到哪里店员就会跟随到哪里，并且会主动为消费者介绍消费者目光所及的任何产品。不怕消费者不购买，只要能够为消费者精心介绍消费者希望购买的产品，并且主动为消费者对比类似产品的质量与价格，就能够逐渐打开消费者的心扉。消费者也许曾经感受到过这样的局面，当走进店中的时候服务员对消费者丝毫没有察觉，也不上前进行热情周到的讲解，消费者于是就会感觉到店面非常冷清，在店中随意逗留片刻马上就又出去，这样的店面不会经营多久就会关张的。秋爽内衣已经在最初的时候将这些情况完全杜绝了。

第五，可放心退货。一般的商家会给消费者退货制造很多麻烦，在消费者退货时会以各种原因不给消费者退货。在这样的购物氛围下消费者是很担心的。为了吸引更多的消费者到店中购买如意的产品，秋爽在创业之初就作出了让消费者“退货比买货更容易”的承诺。事实上一般的消费者是不愿意退货的，消费者在购买产品的时候一般都是左挑右选的，消费者只有在购买后出现了意想不到的问题时才作出退货决定的。为此秋爽对消费者承诺，只要能够提出正当理由并且产品确实存在瑕疵，在没有破坏产品的情况下就可以无条件退货。秋爽的这个承诺让消费者购买产品非常放心。秋爽作出这个承诺是建立在对自己的产品有足够信心的基础上的。所以，这个承诺实际上也是对产品具有过硬质量进行宣传的广告。

致富经 把脉顾客做大“内需”

消费者消费产品的着眼点是有很大差异的，同样是购买衣服，不同的消费者在服装的颜色、款式、材料、价格等各方面的关注点是不一样的。所以即使是同样一种衣服，商家最好要针对不同的消费者推出不同的产品，这样就可以将尽量多的消费者纳入自己的销售范围内。在消费中寻找差异并且在差异中创造消费就应该是商家需要充分考虑的。秋爽内衣在经营服装的过程中，从传统的外表服饰经营窠臼中挣脱出来专营内衣，从而将内衣服饰与传统的服装区别开来，为消费者创造出内衣服饰也可专营的理念。人们在秋爽的店面中选择内衣服饰觉得具有更多选择权，因为该店中的内衣服饰较其他店面中甚至是超市中更加齐全，在好的口碑作用下就会有更多的消费者成为秋爽的忠实顾客，消费者与该产品很快就建立起了情感。消费者从商家所创造出的产品差异中更好地理解产品的内涵，在内心深处成为了该产品的忠实“信徒”。

第 5 课　植入感情

引子

人们消费商品是因为看中了商品的使用价值，如果商品外在形式很华美，但在功能上不能满足消费者的要求，这样的产品是很难有市场的。但是具有相同功能的产品在市场上亮相的时候，商家为了让自己的产品能够更多地得到消费者的垂青，就需要在产品的使用价值之外做文章，给产品注入更多的情感因素之后，产品在人们心中的位置就全然不一样了。普普通通的一个手链被称为缘分手链，在手链中融入了“缘分”的情感，手链自然就会更多地打动年轻消费者的心扉。同样摊贩在售卖苹果的时候，将普通的苹果用红头绳拴成一对一对的，并将这样的苹果称为爱情苹果，年轻消费者同样也会冲着苹果中蕴含的这种意义而慷慨解囊。普普通通的粽子中如果蕴含了孝敬、爱情的含义后就变成了老人粽、玫瑰粽。货真价实的东西辅以这些情感的成分，消费者就会对产品欣然接受。通过让产品穿上感情外衣促进产品销售，越来越成为更多商家扩大自己产品影响力的拿手把戏。脑白金、黄金酒中都蕴含了丰富的孝敬内涵，黄金搭档中也有非常丰富的“根文化”情怀。随着社会经济发展，商家越来越会在“情感”方面做文章，让产品中融入浓重的情感因素。很多商家都在别出心裁地创造产品的“情感”亮点，因为智慧的商家知道，商家将情感成分融入产品，消费者就会将其情感送给商家，商家借助“情感”的风帆，就会在商海中到处撒网，捞上来大把大把的银子。

在商品中注入了情感因素，产品就有了灵性。商家有多少智慧，产品就有多少感情。人们的日子好起来后，开始对苦日子怀念起来。很多老人说，原来过着苦日子的时候，糖尿病、高血压、高血脂等病症很少，现在生活富裕了，这些病也接踵而至了。对那些“吃糠咽菜”的日子开始怀念起来。商家看到消费者有这样的怀旧情怀，开始不失时机地为消费者创造条件，让消费者尽情地过上这样的“苦日子”。在饭店中吃饭的时候，专门给消费者奉献上粗粮、野菜，把就餐环境也设计成 20 世纪五六十年代的老样子，人们走进这样的餐馆，吃着昔日里吃的饭菜，看着周围的摆设，恍惚间仿佛回到了半个多世纪以前的岁月，暂时的享受也着实能够让消费者过把瘾。人们要从产品中找到感情，商家就要在产品中注入感情，通过感情这个媒介就会将商家与消费者连接在一起。一些人喜欢收藏各种烟盒，人们对国外的烟盒并不感兴趣，国产烟盒才能够勾起人们对过去那个熟悉的日子的怀念，人们对 20 世纪中叶以后的烟盒尤其有浓厚的情感，人们看到这些烟盒后就会指指点点，不由得就会将自己与曾经的那段日子联系在一起。当然人们不能单纯沉浸在回忆过去中，展望未来才是人间正道。商家在产品中融入了人们对未来美好生活的向往，神话故事、励志图新、尊老爱幼、家庭和谐、益寿延年等各种情感都可以融入商品中，商家借助产品托物言志，感情也会变成商家希望得到的票子。

趣味营销故事

缘分手链

心灵手巧的小曹平时就喜欢做一些编制品，一团不起眼的毛线，到了小曹手中就变成了一件让人非常喜欢的工艺品。除了毛线外，小曹还经常找来布条、彩带等进行编织，很多朋友见了小曹编成的作品之后都非常喜欢，小曹也非常慷慨，就将这些作品以礼物送给朋友们。正在读大学的小曹觉得，既然自己的手工艺品这样招人喜欢，不妨做一些小东西出来卖钱，这样一来不但能够打发一些闲散时间，而且能够挣到一些收入，改善自己的生活状态。小曹将自己的这些小产品拿到市场上出售的时候，销售状况并不是很好，这与小曹事先的想象差距太大了。小曹觉得，既然很多人都说自己的产品好，相信一定有市场。看来将产品以礼物的方式送给人家与在市场上出售是完全不同的两码事。实际上小曹的产品摆在市场上的时候，来往的人群中对其产品进行关注的还是很多的。很多年轻人都坐下来与小曹攀谈，一些人还向小曹讨教编织这些产品的方法。虽然这些人将小曹围得里三层外三层，但是并没有多少人想出钱购买小曹的东西。半天下来，小曹虽然已经口干舌燥，但并没有较多的收入。小曹不得不开始琢磨让自己的产品有更多人喜欢购买的方法了。经过冥思苦想后，小曹终于构思出一个“缘分手链”的想法。将所有的手链进行配对，为每一对手链配上了相同的简单饰物，由于小曹面对的顾客都是年轻人，所以在介绍手链的时候就强调所有的手链都是“天下唯一”的，这种绝无仅有的感觉，正好能够表达年轻人对情感专一的诉求。小年轻可以将“缘分手链”买回后送给自己的朋友，用这根手链将两个人紧紧地牵在一起。“缘分手链”实际上就是感情链。

“缘分手链”让手链具有了不一般的内涵，这个特色让手链具有了更多的卖点。小曹将自己的产品送给别人的时候，接受礼物的人非常喜欢。但是将自己的产品作为商品售卖的时候却遭到了冷遇。这说明人们在接受产品的时候，同一产品作为礼品和作为商品给人们的感觉是不一样的，人们会从不同的视角来审视这样一件产品。产品即使没有亮点，作为礼物的产品也会得到更多人的认可。小曹将编织的手链融入了感情因素，将单个售卖的手链进行配对设计。这种精巧的思路就会让这种本来非常普通的产品变得不一样了。缘分手链的关键点就是“缘分”，所有的情感都是建立在缘分基础上的。虽然缘分实际上是一种随机事件，但可贵的是人们可以将这种随机事件变成永恒话题。这样的目标可以通过各种方式实现，手链就是达到目的的一种方式。人们对融入了营销智慧后的手链更加感兴趣，不但对小曹的手艺产生了兴趣，而且对这种成双成对的售卖方式产生了兴趣。年轻人对新鲜事物具有天然的好奇心，对“缘分手链”的好奇自然也不在话下。年轻人可以通过手链传情达意，这种用零花钱就可以购到的礼物，在送给别人的时候，接受礼物者会好好地考虑一下，因为虽然礼物的价格不高，但其中浓缩了厚重的情感。接受礼物的人欣然接纳这份礼物，就说明愿意与送礼者建立起这份感情。虽然小曹没有系统学习过营销学理论，但实际上已经在很好地按照营销学理论经营产品了。好的产品也需要讲求营销方式，直来直去地售卖往往是不能奏效的。对产品进行必要的“打扮”就能够让产品锦上添花，从而让自己的产品在众多的同类产品中脱颖而出。

|心情气球|

公园里的人非常多，大部分都是一家人一起来的，人们到这里来的目的都是为了休闲，忙碌了一周的人们巴不得在这里充分享受这个能够让心情得以完全放松的时刻。在人流较为密集的主干道上，有一位卖气球的老大爷，穿着非常朴素，一看就是位生活比较窘迫的人。老大爷将各样的气球吹起来，红的、绿的、粉的、黄的等各种颜色的气球在风中一晃一晃的，非常好看，偶尔有一些小孩在爸妈的陪同下买上一个，小孩抻着一条长长的线一蹦一跳地远去。小孩每得到一分幸福，老大爷就得到一分收获。老大爷经常在这个公园中卖气球，人们已经非常熟悉这个身影。由于老大爷的气球并没有什么特色，所以前来买气球的人越来越少。相反公园中其他做玩具买卖的生意人，好像比老大爷的生意红火许多。老大爷心里非常着急，巴不得快点儿将自己手中的气球全部卖掉呢。因为自己家境不好，没有那么多的生意本钱，做一些成本较大的买卖没有底气，所以卖气球就成为了这位大爷的理想选择。

老大爷正在犯难之际，一个学生模样的年轻人从旁边走过来，老大爷认为这个年轻人要买气球，就赶紧搭话。但是年轻人说并不是买气球，而是要帮助老大爷卖气球。老大爷心想，这个年轻人果然有这么大的本事吗？自己在这里卖了这么多天的气球都没有太好的成绩，这样一个年轻人会有什么样的好办法卖掉我的气球呢？老大爷将信将疑地盼望着奇迹发生。年轻人并没有过多地说话，从老大爷手中接过气球，随后从自己随身带的包中掏出画笔就开始在气球上画了起来。在不同的气球上画上了不同的表情：笑的、哭的、怒的、撅嘴的、龇牙的、做鬼脸的等各种各样的表情应有尽有。年轻人画了一部分后开始叫嚷到：心情气球，快来买呀，将你的心情放飞到空中。老大爷对这个年轻人的这种做法感到非常意外，原来这位年轻人是搞美术创作的。气球上画出的各种表情惟妙惟肖，让小孩看了之后就想购买。由于气球不贵，很多小朋友见了这样新鲜的气球都争着要买，老大爷的气球没有多大工夫就全部卖完了。老大爷没有想到，只是在气球上画上两笔，就能够产生这样不同的效果，这就是艺术的魅力，老大爷对年轻人给自己提供的帮助表示衷心感谢。

老大爷的气球平淡无奇，但是经过年轻人再度创作后，气球就变得全然不一样了，人们对沾染了艺术味道的气球充满了好奇心。区区一个表情就能够让消费者为之癫狂，从这个角度看，消费者的心扉也并不是非常难以打开的，只要商家有打动消费者芳心的招数，消费者就能够咬到商家的“鱼钩”。年轻人帮了老大爷的忙，通过在气球上画上不同的表情，让气球受到了消费者的喜欢。但是年轻人只能帮助老大爷一次。老大爷以后还要持续地卖气球，老大爷并不具备在气球上画表情的精湛画技，老大爷以后卖气球就又会遇到困难。虽然如此，老大爷在这次售卖气球的过程中，确实增长了很多智慧：只有让自己的气球变得更加有魅力，才能够不愁卖。虽然老大爷不会在气球上作画，但是可以通过其他的方式解决，例如在卖气球的同时附赠各种表情或者小动物形象的小粘贴，小朋友买一个气球，就送给小朋友一个或者两个小粘贴，小朋友可以将小粘贴自行贴在气球上。虽然与在气球上作画产生的感染力相比较弱了许多，但对小朋友的吸引力还是有增无减的。老大爷在进货的时候，不购买没有任何装饰的气球，气球上面如果印制了丰富的图案，在销售中就会有更多卖点。让平淡的气球变得有亮点，应该是老大爷在售卖气球的时候必须考虑的重要因素。这是一个充满创意的社会，谁能够在创意上推陈出新，谁就能够成为商场上的精英。产品的质量分为三六九等，相同质量的产品在不同的创意下，对消费者产生的吸引力就会有很大差别。商家是在通过创意创造着消费者的感觉。人们在消费愿望逐渐多元化的情况下，不但要通过实物消费满足基本需求，而且要达到抽象层面的情感诉求，人们在消费有形产品的同时会更加注重无形层面，商家如果在这方面多动些心思，就会让自己的生意产生意想不到的效果。

贺卡传递深情

药店很难有自己的回头客。人们只有生病的时候才会想起药店，在病好了之后谁也不愿意再回到药店中去买药。消费者在病好了之后自然也就会将曾经有过购药经历的药店忘记，但是聪明的商家会想尽一切办法让消费者钟情自己的店铺。谁也不愿意得病，但是在生病必须买药的时候，首先能够想起自己这个药店，就会让药店老板的生意更上一层楼。日本有一家药店，为了让消费者记住自己，通过与消费者联络感情的方式，让自己成为了消费者生活中的朋友。这家药店的墙上钉有 31 个巨大的空药盒，上面标上了一个月中的各个日期，每个药盒中放入了相应日期生日的病人的联系方式。药店根据来店中买药的消费者的病历卡，可以知道每一位消费者的出生日期，然后征求消费者的意见，将消费者的通信地址留下，以便日后联系。药店会将这些顾客的信息按照生日顺序进行归档整理，以便药店能够与消费者建立联系。药店的目的在于要经常性地与消费者联系，关注消费者的身体健康，并在适当的时候为消费者送上一份关注其健康的情谊。药店要在每一位消费者的生日到来之前，为消费者送上一份精美的贺卡，在贺卡上写着关注消费者健康的温情语言：您的康复是我们的最大快乐。如果您已经康复了，请告诉我们一下，以便我们能够与您分享健康的幸福快乐，如果您还没有康复，那么我们将会一如既往地为您奉献上真诚的服务。这些写有祝福语言的贺卡会在消费者生日前的一两天放入指定的药盒中，然后由专门的工作人员对其进行整理，按照消费者首先留下的通信地址寄给消费者，消费者会在生日的这天收到药店送上的温情祝福。

药店是人们非常不情愿去的地方，谁也不愿意成为药店中的常客。但是药店的买卖还是要持续不断地做下去，所以让消费者记住这个曾经为其服务的地方就非常重要，药店要通过在这里已经享受过服务的消费者传送口碑，来不断扩大商家的知名度。这个药店在做生意的过程中，向产品中融入了浓浓的情感因素。"以情感人"是药店打出的一张王牌。街面上的药店非常多，但能够年复一年、日复一日地按照消费者的生日，将一份温情准确无误地寄送给消费者的商家并不多，这家药店做到了这一点。虽然在墙上看到的只是 31 个空药盒，但是这只是代表了一个月的时间。商家向消费者寄送贺卡这件事情，实际上几乎是天天需要做的。商家向外寄送的贺卡越多，就说明到店中光顾的消费者的群体越庞大，随着这个群体逐渐变大，消费者的生日在一年中的每一天都会有分布。向消费者寄送贺卡的工作就会变得越来越大。虽然这些都是简单地重复性的工作，但要求工作人员非常细致，不然就会出现张冠李戴的问题。如果出现了这样的问题，虽然消费者也能够收到一张贺卡，但贺卡上写着的却是别人的名字。消费者收到一张错误的贺卡，是商家对消费者的最大不尊重。药店能够将这件事情一直坚持做下来且从不出差错，也说明了药店作出了巨大努力。商家用非常委婉的方式让消费者接受了自己送上的一份情谊，让消费者感觉到商家对消费者健康的关注是发自内心的。以情感为媒介，让商家与消费者实现了很好的沟通。商家通过这种方式拴住了消费者的心。商家的目的在于：在消费者需要用药的时候，首先能够想到这个曾经给其送上过一份温情的商家。商家赢得了消费者的口碑，消费者也就会支持商家的发展。

成语与营销

情人眼里出西施
——先恋爱后结婚

在清·翟灏《能人编·妇女》中有这样的记载："情人眼里出西施，鄙语也。"西施是战国时期越国的美女。这句话的意思是"由于有感情，觉得对方无处不美。"在情人的眼中对方是没有缺陷的。有人说，恋爱中的男女都是傻子，这话有一定的道理。正在热恋中的年轻人，由于过分关注对方的优点，从而忽略了对方的缺点。在结婚之后才逐渐发现对方身上的一些缺点，于是有一些人就会后悔为什么当初就没有发现对方的缺点呢！但是以婚姻大事为重，很多小事情就只能忍让。"情人眼里出西施"发生在恋爱中的青年男女之间，也发生在消费者与商家之间。消费者对某款产品情有独钟、爱不释手的时候，消费者已经将该款产品当作了自己的"情人"。现在市场上的产品非常丰富，相互之间的替代性非常强，要想让消费者对某一款产品情有独钟，除非该款产品具有独特的魅力，否则商家是很不容易做到这一点的。商家的产品要想打动消费者的心扉，首先就需要让产品自身充满魅力，成为消费者眼中的情人。

商品只有最终为顾客消费掉，商家才能赚得财富并且得到资金回笼。但是同样的产品通过不同经销商之手就会有不同的销售业绩，这完全取决于商家与消费者打交道的方式。商家不但要能够生产出好的产品，还要会通过合适的方式赢得消费者的欢心，商家的"花言巧语"一定要建立在"心地善良"的基础上，离开了这样一个前提，商家就会涉嫌欺骗，商家在向消费者说话的时候，只有与消费者坦诚相对，才能够让消费者感觉到商家的真诚。商家生产的产品即使很出色，也不能够希望所有的人都喜欢。商家售卖产品的过程就是与消费者谈对象的过程，商家在选择消费者的同时消费者也在选择商家，只有双方都看重了对方的时候，“恋爱”关系才能建立。马克思说过，从商品的使用价值到价值的转化是一次“惊险的跳跃”，惊险的地方就在于：有的商品能够实现跳跃，有的商品不能够实现跳跃。能够实现跳跃的商家就能够逐渐兴旺发达，没有实现跳跃的商家就会逐渐淡出市场。

情人之间相处的过程就是彼此之间相互了解并进一步加深情感的过程。虽然情人之间相处的时候，有可能被一时的感情蒙住了双眼，只看到对方的优点而忽视了对方的缺点。但是消费者与商家“谈情说爱”的时候是非常冷静的。因为消费者为了得到商家给自己生产的这个“情人”，就需要付出自己经过流血流汗挣得的真金白银，消费者不能容忍“情人”有任何的瑕疵，在商家与消费者这对“情人”之间，消费者具有更大的选择权。虽然在计划经济那个短缺经济年代中，很大程度上是商家说了算。但是时过境迁，在市场经济条件下，消费者的选择余地更大了，在消费过程中，消费者有了更多的权力在产品面前挑三拣四。所以商家如果不用心追求消费者这个“情人”，就会让消费者从自己的身边溜走而成为其他商家的“情人”。商家少了一个“情人”就是少一些幸福，而消费者却可以从认真选择中得到更多的幸福。所以从这个角度看，消费者在选择自己的“那一半”的过程中具有更大的权力。

商家不希望消费者与自己“谈情说爱”的时间很长，虽然这个过程使得青年男女都能够得到自己所需要的那种朦胧感觉，在这段时间内双方都会感觉到彼此的扑朔迷离，这段美好时光是值得彼此终生怀念的。但是这个“恋爱”过程在商家与消费者之间发生时，却成为了商家漫长的等待，这对于商家而言是漫长的煎熬。所以商家并不需要“恋爱”时间很长。为了尽量缩短这段艰难地等待时间，商家就需要不断地将自己的信息传输给消费者。商家向消费者传输的信息越多，消费者对商家的了解就会越透。但是一般的商家在向消费者介绍自己的时候，往往只介绍自己的优点，丝毫不会谈到自己的缺陷，这就会让消费者对商家的产品多少产生一些怀疑。商家在对自己进行推销的时候，不但要重点强调优点，也要捎带将自己的不足告诉消费者，消费者于是就会认为这样的“情人”是真诚的，商家要用真诚打动消费者并让消费者成为自己的终身伴侣，单纯靠忽悠是站不住脚的。

创业与营销

|“打一折”与“一件货”|

小刘是一家玩具店的老板。生意规模虽然不大，但利润还是不错的。随着经济发展，做玩具生意的小店越来越多了，所以小刘的生意也在此间感受到了竞争。消费者在店中买玩具的时候总是挑三拣四的。选择了半天后作出了不买的决策，这使得小刘大伤脑筋。小刘决定创造一种全新的做生意思路，以便能够让自己的生意每日都会很火爆，于是开始翻阅相关的书籍。偶尔有一次小刘看到了书上写的有关“打一折”和“一件货”的销售思路，小刘感觉非常不错。经过一番尝试之后，发现这个策略果然不错，自从实行这样的销售策略以来，小刘的营业额与日上升。小刘的“打一折”销售策略具体是这样操作的：商家为了促销自己的产品，在开始实行相应策略的时候，第一天打九折，第二天打八折，第三天打七折，第四天打六折，第五天打五折，第六天打四折，第七天打三折，第八天打二折，第九天打一折。“一件货”的销售策略是这样的：对于有些非常畅销的产品，消费者就会抢着购货，没有买到该产品的消费者就会要求商家继续进货，而商家却作出不再进货的决定，让消费者产生“类似的货品仅此一件”的感觉。

小刘为了稳定地增加销售额采取了独到的经营策略，事实表明小刘的这种做法是非常有效的。小刘是在分析消费者心理的基础上实现上述销售效果的，小刘有效地运用了心理战术。

第一，突破常规。小刘有效地利用了“打一折”和“一件货”的妙招。在这样的销售策略下，第一天来的顾客并不多，大多数顾客只是看一看就走，但是等到第二天就会发现前来光顾的顾客的数量突然增多起来，等到第三天的时候前来光顾的顾客已经是成群结队了。小刘的某些产品实际上在产品打五折和打六折的时候就已经出售完毕了。小刘的这种销售策略实际上并没有使自己受损失。小刘推出“一件货”策略是针对消费者购买东西时犹豫的特点而推出的。因为很多消费者在购买产品时总是会犹犹豫豫的，在购买还是不购买之间打不定主意，等着下次再买。小刘的这种销售策略就是要打消消费者的这种犹豫的购买心态，如果这次不购买以后就不会再有这么好的机会。消费者在吃了一次这样的亏之后，就不会再吃亏，以后在购买过程中就会以最短的时间作出购买决策，以防错过比较珍贵的购买时机。只要看见中意的产品就不能犹豫，当即买下。如上两种销售策略，看似商家可能会受到损失，实际上商家正是通过这样的销售策略促进了消费者购买本店的商品，商家是赢了而不是亏了。

第二，诱敌深入。小刘在出售产品的过程中用逐渐大幅度打折的方式吸引消费者，消费者在此期间感觉到便宜来临，于是通过口传的方式吸引更多的消费者逐渐参与到抢购风潮中来。用相同的支出获得最大限度的收益是任何经济人都想要达到的一种结果。商家在最开始的时候打九折、打八折、打六折，在此期间消费者就会产生捡漏的心理，以致商品在还没有继续打折之前就已经销售一空了。商家用“一件货”的方式打消消费者购买产品的顾虑，让消费者吃一堑长一智，商家在刚刚开始推出这项对策的时候看似受到了损失，但实际上这是其为打造企业文化推出的重招，“这次买不到下次还可以买到”的事情也许在其他销售商那里可以碰见，但在本销售商这里绝对是不可能的事情。这样就会在很大程度上杜绝消费者购买商品时的犹豫心理。

第三，树立形象。销售商一定要在消费者面前树立起自身的形象，“一件货”的销售模式就可以让商家在消费者中间树立说一不二的形象。商家在消费者面前不能犹犹豫豫，如果消费者恳求商家再次进自己曾经想购买而没有买到的货，而商家慨然应允，虽然这同样可以让消费者体会到“消费者就是上帝”的感觉，并且商家在短时间内也会得到一些不菲的收益，但从长期来看，商家就不会达到“一件货”的效果，很多消费者在买与不买之间就会长期保持犹豫，而这种犹豫的结果可能是不买也可能是买，如果消费者最后作出不买的决定，这时商家的损失应该是非常巨大的。小刘能够巧妙地利用“一件货”销售策略树立自身的形象，给消费者产生独一无二的印象，消费者在这种阵势下在购买产品时就会当机立断。

第四，利用口传。口传是指消费者面对面地以口头方式传播信息，从而使得更多的消费者了解相关产品的过程。口传的力量是很强大的，率先消费某种产品的消费者在感觉到这种消费品为其带来的好处后，就会以口传的方式对身边的其他消费者产生购买这种产品的影响。口传由于是消费者之间面对面的交流，所以在交谈过程中信息发出者还会通过语气、表情等对信息接受者产生这样或者那样的影响，使得信息接受者最终成为信息发布者的“俘虏”。商家在扩大产品销售的过程中会刻意培养产品的义务口传者，为此商家不但需要为消费者提供其理想的产品，而且还要给消费者让利，让消费者切实感觉到物美价廉。小刘的销售策略为消费者创造了非常好的口传效果，在有效的口传中为小刘带来了无尽的财富。

致富经 知彼知己，百战不殆

小刘在做生意的过程中巧妙地利用了口传和意见领袖的作用。通过巧妙地利用“打一折”和“一件货”方法达到了预期的效果。意见领袖在商品售卖过程中具有很重要的影响。意见领袖是消费群体中一些特殊的人群，该群体能够更加频繁地为其他消费者提供信息。消费者对意见领袖的想法非常看重，尤其这些意见领袖又是自己较为熟悉的人的时候对消费者的影响会更大。口传较其他传播方式对消费者的影响更大，有关研究表明，口传对消费者的影响效力是广播广告的三倍、人员推销的四倍、报纸以及杂志广告的七倍。消费者在此间实际上是将本来应该由自己承担的成本让自己可以信赖的人承担了。在替代品非常多的现代经济社会中，消费者可资选择的商品非常多，但为了降低选择成本就应该多听一听意见领袖的话，这些人的意见对于自己的消费会产生非常大的影响。消费者在自己对该产品已经产生好感后，也会主动承担起意见领袖的角色。因为意见领袖在与身边的人分享消费经验的同时，也会让自己感觉到非常有面子。小刘销售产品的过程也是与消费者打心理战的过程，智慧的小刘得胜了。

第6课 另辟蹊径

引子

走别人走过的路，永远也不会超过别人。商家在营销道路上需要创新，只有通过另辟蹊径，走出一条前人没有走过的道路，才能够让商家有出人头地的机会。产品包装、样式、功能等很多方面都有可资挖掘的地方。走出一条与竞争者有差别的新道路，从而让自己把握住更多的财富，这需要商家付出更多的努力，展现自己与众不同的灵动智慧。一件普通的衬衫，如果在上面印上甲骨文，就能够为衬衫增加不少亮点，商家在宣传中强调甲骨文的“古老”，这种具有悠久历史和厚重文化底蕴的文字，能够表达施赠者与被赠者之间的深情厚谊。当然如果用这种文字写喜帖，就会让婚庆的氛围更加浓重一些。商家在销售产品的时候，要撇开常规想法，从常人不易想到的视角思考产品，这样就会为产品打开一个新的市场缺口。消费者的消费方式是受商家诱导的，商家就是要用巧妙的构思，让消费者顺着自己设计好的“杆”向上爬，消费者爬得越高，就说明商家的思路越成功。人们已经熬过了“吃不饱穿不暖”的穷日子，市场上商品的品类也越来越丰富，消费者更喜欢“新”、“奇”的产品，商家在营销过程中如果另辟蹊径，就能够更容易打动消费者，在营销方式上出新出彩越来越成为更多商家的最爱。

产品出新出奇一定要与消费者方便使用联系在一起，脱离了消费者生活的“新”或者“奇”就没有意义。人们现在生活越来越方便了，原因就在于很多具有创新思路的商家不断给消费者提供富有创意的产品，商家的每一个创意都是对消费者生活的一次改善。商家的创新越多，消费者的消费选择就会越多。商家之间的竞争也就越发激烈，进而又会促使商家创造出更多的新点子。商品之间的“缝隙”就会越来越少，商品的层次也会越来越有所提升。很多商家都说，现在的买卖越来越不好做，对于商家而言这也许不能算是好事，但是对于消费者而言却是好事情。这表明社会发展水平在不断提升，商家为了赚取更多的票子就需要有更多更好的新点子，让消费者愿意为其生产的产品“捧场”。条条大路通罗马，商家不能一条路走到黑，在出新出奇的道路上永远没有止境，商家的责任就在于不断超越自己，让消费者看到自己的产品总是在不断升级换代，人们通过对新旧版本的产品进行比较，总能够发现新版本产品有超出旧版本的地方。商家就是这样一点一点地揪住消费者的心的。冰冻三尺非一日之寒，产品想在消费者心中烙下深深的印记就需要不断与消费者进行磨合，这样的产品才能够与消费者如影随形、不离不弃。

趣味营销故事

窟窿创造新卖点

商家富有灵动的智慧可以巧妙地将坏事变成好事。凤尾裙和丑玩具就是在这样的智慧下产生的。据说一个裁缝在吸烟的时候，不小心在一件裙子的边缘处烧出了一个窟窿，这件高档的裙子顿时成为了废品。按照正常的思维方式，这件裙子就会被扔掉，这样是非常可惜的。商家通过启动智慧，并没有让这件裙子变成废品，而是在裙子的边缘处挖出了很多洞，不但将原来的破损处很好地掩盖了过去，而且让这个裙子看上去更加时尚和体面。商家的智慧将坏事变成了好事。裙子不但卖出了好价钱，商家还因此收获了更多的，很多喜欢这款裙子的消费者纷纷前来购买，商家沿着这样的思路开发出了一种新的服装品种，让自己足足地赚了一把。无独有偶，丑玩具也在消费者心中具有了至高地位。按照一般的思维方式，人们一般都会认为漂亮的东西是美好的，丑陋是不能登大雅之堂的。但是丑陋的东西并不一定不受人们的喜欢。一位玩具商在散步的时候，发现很多孩子在围着一只丑陋的昆虫嬉戏。这样的场景，很多人是见怪不怪的。但是这个场景引起了这位玩具商的兴趣，孩子们对稀奇古怪的东西非常感兴趣。如果按照这样的思路开发出丑玩具，肯定能够得到孩子们的喜欢。这位玩具商于是组织人马开发出了一批丑玩具，产品上市之后很受消费者的喜爱。

无论是凤尾裙还是丑玩具，都是突破了常规思维做事的典范。善于突破常规思维方式，就能够让商家多一分收获。与上面的故事相类似，现在的圆珠笔芯也经历了一个“变身”过程。据说起初圆珠笔芯较现在要长出一倍，那个时候人们满大街都可以看到随处扔弃的圆珠笔芯。因为这些圆珠笔芯在用到一半的时候就会出现漏油问题，没有办法只能扔掉。商家想了很多办法都没有效果。这时有人提出“将笔芯的长度缩短一半”的办法，这样在笔芯没有漏油之前，笔芯就完成了使命。这种另类的思维方式很巧妙地解决了商家遇到的难题。从故事中可以看到，另类的思维方式可以达到出其不意的效果，是商家给自己的生意打开一片新天地的巧妙举措。在产品遇到问题的时候，商家善于开动脑筋就会通过另类的方法解决问题，变坏事为好事，找到揭开迷局的金钥匙。在遇到问题的时候，商家不能一筹莫展，“别人怎样做自己也就怎样做”的思路只能让自己的财路越来越窄。另类思维通过从别人不易思考的视角思考问题，让商家海阔天空，有了这种思维方式后，商家就可以从不利中看到有利，把劣势变为优势，把不可能变为可能，商家就能够从绝望中看到希望，商家的产品就会越来越丰富，从而用更多的亮点占领更加宽广的市场。

“难”字解决书商困境

张老先生经营着一个书摊，书的内容五花八门。时不时地有人俯下身来翻看着书籍，有的书籍已经变得很破旧。老先生并不怎么吆喝，这与菜市场上的小商贩形成了天壤之别。老先生看上去并不着急，在这里看书全部免费。姜太公钓鱼愿者上钩，老先生并不催着看书的人买书。看书的人多，买书的人少，对于老先生的生意而言，只是增长了人气，并不能实实在在地增长老先生的财气。老先生索性也找个凳子坐下来看书。那种专注的劲头好像在做科学研究一样。有一个年轻人在老先生的书摊上看了老半天的书了，年轻人将书摊中的几本书放在一边，看样子好像是要买书。老先生走到年轻人身边开始搭讪，让老先生没有想到的是，年轻人并没有买书的打算，而是走近老先生，与老先生小声嘀咕了几句什么，老先生连忙向年轻人道谢，并且表示要试试看。第二天，人们在老人的书摊上，看到了不一样的局面。所有的书被分成两部分，其中的一部分书中立起了一个招牌：这些书较难读懂，请读者谨慎购买。与此同时对难读懂的这部分书的价格适当下调。过往的行人开始对老人的书摊感兴趣，人们开始比较关注这部分“难懂”书，看看这些难懂的书到底有多难懂。读者感到非常奇怪，这些难懂的书实际上与另外一堆书并没有太大差别，但价格却要低出不少。光顾“难懂”书的人都觉得可以用比较低的价格购买不错的书，这是比较划算的。老先生没有想到，“难懂”两个字就能够很好地拉动自己的生意，书卖得比先前快了很多。老人对先前为自己提出卖书办法的那个年轻人非常感激。心想，哪天看见了这位年轻人后，一定要对其进行感谢。

书有难懂和易懂的区分，但是老先生这里的书似乎都并不是很难懂的。人们在书摊上翻来翻去，浏览的人很多，但购书的人很少。在人们的印象中，书摊上的这些书都是不上档次的，人们不会对这些书高看一眼。消费者并不希望在书摊上有什么眼前一亮的感觉。但是当老先生将书区分为“难懂”和“易懂”两种类型之后，人们在浏览书的时候就存在一个心理前提，自己挑选的书是“易懂”或者“难懂”的。在发现“难懂”书实际上与“易懂”书并没有太大差别，而价钱却相对更加优惠的时候，自然对这部分“难懂”的书就产生了兴趣。年轻人对老先生的点拨，实质上就是在打破人们对书摊上出售的书的思维定势，让人们从一个全新的视角审视这些书。老先生通过对书籍进行分类，为消费者创造了不同的视点。在相同中创造出了不同。消费者对呈现在眼前的商品，关注更多的往往是产品的不同点而不是相同点。相同中的不同更加容易创造出卖点。点拨老先生的那位年轻人也许是位经商多年并且对营销策略深有感悟的人，一个小小的智慧，就能够让产品具有了与先前不一样的关注点。只有消费者更多地注意该书摊了，人们才有更多的购买可能。“难懂”只是对书的一个简单界定，不同人对“难”字的认识是不一样的。在读者翻阅书籍的时候，发现“难懂”书并不很难的时候，对老先生也并没有太多的责怪，因为对于自己不难的书，对于他人并不一定不难。年轻人具有挑战自我的心理倾向，“书摊上居然有难懂的书？”分明就会对老先生的书摊产生好奇。在这种心理左右下，书摊的人气自然就会增加许多，而这种人气就会实实在在地变成财气。在人们对老先生的书摊充满好奇的同时，谁也不知道为其进言献策的人居然是与其不曾相识的一个年轻人。

有日期的筷子

王老板是南方一家筷子生产厂家的老板，自己的筷子几乎垄断了当地的市场。筷子的样式非常丰富，深得当地消费者的喜欢。除了日常吃饭用的筷子外，王老板还做工艺筷子，工艺筷子不是用来吃饭的，而是用来观赏和收藏的。由于王老板经营筷子的思路非常活，筷子的生意一直很好。但是一次食物中毒事件让老王的生意蒙上了阴影。工商部门的检查结果是：餐馆老板在清洗筷子的过程中没有消毒。按照一般道理，筷子消毒是正常工作范围之内的事情，即使没有彻底消毒也不会造成大面积的中毒事件。王老板觉得，这次中毒事件肯定不是筷子引起的，应该是食物方面的问题。但是消费者并不认可王老板的解释，餐馆老板的筷子也有不可推卸的责任。虽然中毒事件与筷子的质量没有关系，但筷子的销售量在短时间内还是受到了影响。王老板生产的筷子销售量滑坡了，迫使王老板必须想出新招数让自己的产品有新的起色。但是筷子的利润并不高，这是一种薄利多销的产品，而且人们日常生活中使用的筷子不能过于华丽，毕竟筷子的主要目的是为了吃饭，这样的使用价值应该在筷子产品中承担重要角色，让筷子新颖并且实用就成为老王推出新产品的思考着眼点。在与员工商议对策的过程中，人们纷纷进言献策，有位员工提出可否在筷子上刻上“星期几”的字样，这样不但能够对经营餐馆的商家在卫生方面进行约束，而且能够让消费者感到很新鲜。老王感觉这个建议很好，不但不会改变筷子的使用价值，而且会在原有的筷子上面增添亮点。老王马上投入生产，产品很快在市场上亮相了。

筷子投放市场后，马上引起了很多餐馆的兴趣。因为在筷子上写上了从星期一到星期日的一周七天的“星期几”的标识，人们在吃饭的时候，不仅会被提醒“今天是星期几了”，而且会自觉核对今天使用的筷子与今天的日子是否相符合。餐馆老板为了让餐桌上摆放的筷子不出差错，就会再三叮嘱服务员在工作中要认真，当天使用的筷子一定要经过再次清洗和消毒。所有的筷子都是在一周之内使用一天，筷子被放置了一周后，在启用之前就一定要再次经过处理，才能够保证在使用过程中万无一失。由于上次的中毒事件在社会上被传得沸沸扬扬，虽然后来筷子被证实是没有问题的，但是人们对筷子的那份“余悸”还是难以根本消除，毕竟在吃饭的时候人们都要用筷子。在筷子上刻上“星期几”的字样，让消费者感觉到，餐馆老板对筷子是非常在意的，既然对筷子上的日期都没有半点马虎，对筷子的消毒问题自然也就会非常在意。“星期几”成为了筷子的一张脸，很多餐馆老板看到消费者对这样的筷子非常感兴趣，都向王老板订货，老王的生意开始有了新的转机。

老王通过在筷子上刻上几个字，就让低迷的筷子市场发生了转机。“星期几”这样几个字本身并没有什么稀奇，但是这几个字用在了筷子上的时候，就让筷子显得不一样了。由于筷子上被赋予了新的概念，所以人们对筷子就非常看重。人们认为这样的筷子是非常卫生的，认为餐馆老板在筷子上面花费了心思。筷子经过乔装改扮之后，商家通过筷子展示了自己的智慧，消费者在感悟这种智慧的过程中，将自己的心与商家的心紧紧贴在了一起。筷子上没有“星期几”标志的时候，餐馆老板随便拿一把筷子就能够放在餐桌上，而在有了“星期几”的字样之后，餐馆的行为就会在一定程度上受到约束。餐馆必须拿出与当天相对应的筷子才能够向消费者展示商家的诚意。因为筷子每天都需要变换，所以餐馆每天都需要认真做事，如果筷子拿错了，消费者会认为餐馆在日常经营的其他方面都会存在问题。餐馆只有在任何小问题上倍加注意，才不会在筷子使用方面出差错。所以“星期几”看似是一个小的变化，实际上是餐馆的制度创新。餐馆中的任何一个人都要受到这几个字的约束，商家会在餐馆的经营上更加兢兢业业。这无形中就对树立餐馆的形象产生了很好的促进作用。王老板的一个创新，让筷子产品与餐馆老板都得到了发展，在让他人能够赚更多钱的过程中，让自己也达到了发财致富的目的。发财是双向的，只有做到“你好我也好”，商家的钱袋子才会变得鼓鼓的。

成语与营销

买椟还珠
——包装理念

在《韩非子·外储说左上》有这样一段叙述：“楚人有卖其珠于郑者，为木兰之柜，熏以桂椒，缀以珠玉，饰以玫瑰，辑以羽翠。郑人买其椟而还其珠。”故事的意思大概是这样的：有一个楚国的商人将自己的珍珠卖给郑国人，珠宝用木兰木制作的盒子装着，并且用桂椒来熏制盒子，盒子用精美的彩玉、玫瑰以及羽毛等进行装饰，这个郑国人买了盒子而将珠宝退还给了楚国商人。楚国人为了将珠宝卖出去，于是才做了一个精美的盒子。但是令楚国人没有想到的是，珠宝没有卖出去，而盒子却被卖出去了，只是因为盒子起到了喧宾夺主的作用。虽然楚国人的珠宝没有卖出去，但是漂亮的盒子确实对珠宝起到了很好的烘托作用。由于楚国人将盒子制作得过于精美，最后盒子卖出去了而珠宝没有卖出。虽然结果并非所愿，但是楚人为了售卖珠宝而为其填制了一个精美的包装的这种做法是对的。巧妙地利用包装策略对产品销售能够起到很好的促进作用。人配衣服马配鞍，同样的商品穿上了漂亮的“衣服”，商品在消费者面前就会有更加靓丽的形象，商品进而就会有更多的卖点，这样的商品自然就会有好的销路。就像故事中的楚人一样，漂亮的盒子成为了重要卖点。

包装不但可以让产品美观，还可以保护产品。所以伴随经济发展，包装这个产业方兴未艾。人们通过包装可以非常方便地从众多产品中将自己寻找的产品识别出来。好的包装对产品的宣传起到了烘托作用。为了美化产品，没有一个企业不在包装上花费心思的。为了将包装做好，有些商家在包装方面甚至做过了头。不但包装要显得大气，而且要尽显产品豪华。只有这样，在消费者购买产品的时候才能够显示出尊贵和高雅。甚至一些不起眼的产品也要罩上一个相当不错的“外衣”。就像故事中提到的一样，商家卖商品的时候，商品都被一个精致的盒子包装起来。虽然这样会方便消费者携带，也可以让产品上档次，但是无形中也带动了废品收购行业的发展。在人们过着穷日子的时候，收废品的师傅的车上装的大多是一些旧书本或者旧报纸什么的。随着市场经济发展和包装产业如火如荼的发展，收废品的师傅的车上的内容也发生了变化，各种精致的包装一车一车地收购。师傅车上的收获越多，师傅就越高兴，因为这将意味着师傅的收入越多。包装产业的发展促成了废品收购大军的形成，车来人往的大街上忙碌着从事五行八作的人，废品收购人员成为了人流中不可或缺的因素。

包装包住的是商品，装出来的是品味。商品由于有了包装而显得不一样。商家在包装上可以非常体面地亮出产品的品牌，包装已经成为了产品标识的一部分。有专家说，在传统经济中，像土豆、玉米、小麦、稻米等这些农产品是没有品牌的，在人们的印象中，只有油盐酱醋以及手表、自行车、缝纫机、照相机等才有品牌，因为这些产品都是工业品。农产品在人们的印象中是不登大雅之堂的，也没有品牌可言。人们认为农产品不值钱。但是斗转星移，社会状态在发生变化，农产品也要分出个三六九等。为了将自己生产的同类农产品与众多的其他农产品区别开来，农产品就需要有自己的品牌、自己的包装。人们在超市中看到的农产品都有自己的品牌，这些农产品中，越是用原生态的方式生产出来的，就越会成为老百姓的抢手货，这些产品只有通过包装才能够将自己区分出来。包装改变和引领着人们的消费观念，产品因为包装而变得不一样，世界也因为包装而变得丰富多彩。有了恰到好处的包装，“丑姑娘”在不长时间内就会成为“俏媳妇”。当然商家在明白消费者的心思后，不禁会与消费者“打哑谜”，消费者在乱花渐欲迷人眼的包装面前开始晕头转向，“红午”（而不是红牛）、“康帅傅”（而不是康师傅）、“雷碧”（而不是雪碧）、“治治瓜子”（而不是恰恰瓜子）的事情也逐渐多了起来，借助相似包装，一些商家要向消费者送上自己这个无名产品的“深情厚谊”。通过借名品产品这个“东风”让自己飞得更高、飞得更远。但这些小聪明往往会使得这样做事的商家摔得够重、摔得够惨。

创业与营销

酸奶的营销哲学

在商家纷纷争夺液态奶市场的过程中，很多商家独辟蹊径，将眼光瞄准了酸奶市场。小李也非常看重这个市场，为了着手做酸奶生意，特别收集了很多材料，了解到酸奶相对于传统的液态奶而言具有如下特殊功效：饮用酸奶能够克服乳糖不适应症；酸奶能够在一定程度上降低胆固醇；经常饮用酸奶能够有效预防便秘和细菌性腹泻；饮用酸奶可以抑制癌；酸奶具有美容养颜的功效。酸奶相对于普通奶而言具有如此多的功效，所以开发酸奶具有较好的市场前景。酸奶市场相对于传统液态奶制品市场还是比较零散的。国人具有消费酸奶的悠久历史，但作为现代食品进行消费是从 1996 年才开始的。酸奶的市场成长前景很快。在三聚氰胺事件出现以后，更多的消费者倾向于消费酸奶，乳品企业也将酸奶作为本企业的利润增长点进行培养，商家更加注重高品质酸奶制品的创新。为了赢得更多的市场份额，小李开始在酸奶的风味、功能、包装等方面大做文章。着力宣传自身产品与其他同类产品的差异，增强自身的卖点。

酸奶虽然对于国人而言并不是新事物，但对于部分消费者而言却是完全崭新的事物。让国人从传统液态奶消费中转变过来并不是非常容易的，所以创新营销方式就非常必要。

第一，突出健康美容功效。酸奶具有常规液态奶不具有的独特功效，经常饮用酸奶能够润肤、明目、固齿、健发。这对于女性消费者而言是非常重要的。小李在向市场推广产品的过程中，特别强调酸奶的优秀品质：较常规液态奶而言，酸奶中具有更加丰富的钙质并且更加有利于人体吸收，丰富的钙质有益于牙齿以及骨骼等的发育；酸奶经过特殊的发酵工艺，因而其中含有更多的维生素 A 等，这对眼睛都是非常有好处的；酸奶中富含的氨基酸有益于人的头发，酸奶中含有的益生菌能够及时清除人体肠道内有害物质的积累，能够防止细胞老化，对皮肤的美白具有很好的作用。小李特别将上述功能放在宣传材料的突出位置，很多消费者平常对酸奶也有所耳闻，但并不知道酸奶较普通液态奶而言具有如此多的功效。小李的宣传引起了消费者的注意，这些方面作为非专业人士的消费者是不会有太多了解的。小李在宣传中实现了产品功效与消费者之间的信息对称，从而在很大程度上增加产品的卖点。

第二，针对消费人群生产。小李经过深入了解得知，酸奶对人体有益不假，但不同人群由于体质不同，如果对酸奶的成分进行特别化处理，就会更能赢得消费者的青睐。小李知道在酸奶市场中站稳脚跟的关键除了要做到产品质量过硬外，还需要做到将“正确的产品卖给正确的人”。小李于是针对不同的人群开发出不同品味的酸奶，其中包括了学生酸奶、女士酸奶、工薪酸奶等。①学生酸奶。在学生酸奶的制作过程中特别添加了维生素、矿物质以及益生元等营养成分，相对于其他种类的酸奶而言，学生酸奶具有营养全面且价格较低的特点。②女士酸奶。女士酸奶中特别增添了钙质和铁质等元素，同时增添了维生素等营养因素，女性尤其是年轻女性非常在意自己的外表，能够保持年轻、美白、体型是非常关键的。经常饮用增加了多种配方的酸奶就能够达到这样的功效。③工薪酸奶。在酸奶中增添维生素、膳食纤维以及低聚糖等成分，不但能够改善酸奶的风味，而且能够提高酸奶的营养含量。小李为不同的人群量身定做了不同品质的酸奶，深得消费者喜爱。很多消费者由于是小李的常客，到了小李的卖奶点前面消费者还没有张口，小李造就将酸奶准备好了，消费者见状就会心地笑了。

第三，挖掘酸奶消费历史。为了让更多的人养成消费酸奶的习惯和放心地消费酸奶。小李特别印制了宣传小册子，上面详细地记录了有关国人消费酸奶的历史：①酸奶属于半流体的发酵乳制品，带有柔和的酸味。酸奶的饮用到目前已经有 3000 年历史了，人们饮用酸奶完全是出于偶然，人们发现奶存放时间长久后就会变质，但是将酵母菌放入酸奶后发现奶的品质就会有很大改善，奶就会变得更加酸甜可口了；②人们发明了用发酵方法制造酸奶的工艺后，就可以随时饮用到酸甜可口的酸奶了；③20 世纪初科学家们发现保加利亚人有长寿现象，调查后才知道该区域的人具有饮用酸奶的习惯，人们于是将这种能够产生酸奶的酵母菌命名为保加利亚乳酸杆菌，随后西班牙人开始筹建酸奶制造厂，并且将酸奶作为一种“长寿药物”在药房中出售。这些知识让消费者对酸奶有了更多了解。小李告诉大家，酸奶最初由于只在药店销售，所以酸奶的销售量非常有限，所以在最初的时候酸奶制品只是高档人的消费品。“二战”爆发后，美国开始建设酸奶厂，使酸奶不再在药店出售，而是作为饮料在市场上出售，于是酸奶在短时间内就风靡美国了。酸奶从开始作为药品出售到后来作为食品出售，让更多的人有机会对其接触了。小李在打开了酸奶的市场销路同时，也让消费者感觉到其对人体的作用是非常显著的。让消费者了解酸奶的发展历史自然就会强化消费者对酸奶的认识，酸奶的消费量上升自然就可想而知了。消费者不但可以放心地消费酸奶了，而且感觉到消费酸奶是非常有品位的消费行为。

第四，与冷饮为伍建阵地。小李在创业之初是在街头摆地摊。支起一个阳伞摆上几个座位，一般是在街道的拐角处，虽然也有消费者光顾但销售量很有限。小李觉得这种销售方法本身是存在问题的。后来多方筹措资金终于在一家学校的门口有了自己的“根据地”，这里有做各种冷饮生意的。到这里来消费的人多是学生，人们都是在放学后或者中午休息的时候前来消费的。由于先前在这里没有卖酸奶的，突然出现了一个做酸奶生意的，大家都觉得非常新奇，吸引了很多人前来品尝。小李抓住这个机会，对前来光顾的常客实行优惠政策，如果每次带来超过三个消费者并且消费数量超过一定额度后，就让该常客免费消费一定数额的酸奶，并且采用记账的方法，也就是说该常客的消费优惠可以实行记账消费。在这种方法的激励下，常客到小李这里光顾的频率更高了，很多其他消费者也是慕名而来，小李的生意越做越红火。随着小李的资金逐渐变得丰厚，小李开始用相似的方法“占领”更多的这种有利阵地，小李的酸奶影响力越来越大了。

致富经 组合策略重拳出击

小李在将自己的产品做红火的过程之中采用了多种方式，通过多管齐下终于使得自己的生意变得火爆起来，其中最为重要的方法包括重功效、分人群、挖历史、建阵地等。小李在推广产品的过程中将组合营销策略发挥到了极致。组合营销是指产品针对目标市场，在综合考虑产品销售过程中企业可以控制的诸多因素的情况下，综合运用各种不同的营销策略，达到促进产品销售目的的营销方法。市场营销的目的是实现产品与消费者之间的信息对称，让消费者在心理上更加乐于接受产品，从而最大限度地打开市场销路。组合营销说到底就是尽企业之能事通过全方位策略让消费者接受该产品，但是在实施这些营销策略组合之前应该首先为消费者提供合格的产品或者服务。否则消费者就认为商家在对市场进行欺骗。小李在产品销售过程中采用了多种策略，在这个“酒香也怕巷子深”的年代里，主动推销自己的产品让消费者认可是非常重要的。在最初感到销售业绩不佳的情况下，小李重新选择了经营场所，并且针对惯常性的消费者实行优惠政策。让自己的产品与其他冷饮食品为伍，从而达到产品销售的联动效应。在他人还没有涉足酸奶产品的时候，自己的产品就能够凸显出来。

第 7 课　旧事新做

引子

“旧事新做”也能让消费者眼前一亮，在一定程度上也能够激发消费者的消费愿望。并不是所有的商家都希望拿到专利，也并不是所有的商家都能够作出轰轰烈烈的事情。绝大多数商家都是跟在别人的后面走，但是一味地跟在别人后面走，商家的路子就会越来越窄，所以在不能有大创新的情况下就应该有小创新，“旧事新做”就是商家图谋创新的小花招。在已有产品的基础上增加一些小的设计，让产品更加完美，从而就能够增添产品的卖点。每天打开电视的时候，荧屏上的电视购物节目就会铺天盖地地向您涌来。节目中呈现的产品大多是日常消费品，这些产品总会让人们有眼前一亮的感觉。观众关注的并非是伶牙俐齿的电视导购人员，而是将眼睛盯在产品上，衣服、餐具、刀具、锅具、被褥等这些产品本来没有什么稀罕的，但是消费者总是隐隐感觉到这些产品有亮点。商家就是要在这些传统产品中作出新意，让消费者感觉到更方便、更实用。表面上看起来一样的两个炒锅，在不放油的情况下，将调好的鸡蛋倒入其中，一个粘锅一个不粘锅，这就是区别。粘锅的炒锅在炒菜的过程中会有很多油烟，不粘锅的炒锅不会弄出油烟，后者会让炒菜的主妇少受油烟之苦。做“旧事”并不是没有市场，关键是看商家的做事方法，商家在做“旧事”的过程中融入了更多的智慧，能够将平常事做得不平常，商家就会有不一样的“钱”途。

虽然世界在发展，新事情虽然天天有，但是人们每天迈出的一步都是以前一步为基础的。虽然有些商家通过超凡的举措让自己出类拔萃了，但是绝大多数人还是在做老生常谈的事情。在大街上走一遭，到处都是人们常见的买卖，诸如土产、五金、蛋糕、面条等，这些都是人们司空见惯的。在菜市场上，人们也都是在做常规的买卖，豆角、茄子、番茄、青椒、大白菜等这些蔬菜也都是人们非常熟知的东西，但是相同的买卖有不同的卖法，同样的蔬菜经过不同人的手，销售情况就迥然不同，这不但与摊贩的长相、说话方式有关系，还与摊贩的卖法有关系。这些普通的产品在售卖过程中也是需要智慧的。“旧事新作”就会使商家有不一样的销售业绩，卖蛋糕的人将蛋糕做成各样的动物造型、各种表情的脸，虽然蛋糕的味道并没有变化，但人们对这种具有新颖造型的蛋糕就会另眼相看。天气逐渐变凉的时候，人们在街道拐角处就会见到有卖冰糖葫芦的，最初的冰糖葫芦只是用山里红蘸糖做的，红彤彤的山里红蘸上冰糖，咬上一口，脆脆的酸酸的，冰爽到心底，吃到嘴中人们就会感到一个“爽”字。现在市面上糖葫芦的样式越来越多了，草莓、橘子、麻山药等的糖葫芦逐渐多了起来，即使是用山里红做糖葫芦，也不是原来的样子了，商家一定要将山里红切开，将其中的核去掉，夹上花生或者豆沙之类的馅料，人们吃到嘴中不仅感觉到酸甜还要香，商家通过“旧事新作”为产品创造出了更多卖点，这种做法本身就具有营销的韵味。

趣味营销故事

|辣与不辣|

熙熙攘攘的早市上有很多卖蔬菜的摊贩，白菜、冬瓜、豆角、茄子、辣椒等各类时令蔬菜在街道的两侧排开，形成一道亮丽的风景。卖辣椒的张婶也将自己的菜摊摆好了，春风满面地招揽着自己的生意。来辣椒摊前购买辣椒的顾客总是会问：“辣椒辣吗？”张婶会不假思索地回答：“颜色深的辣，颜色浅的不辣。”顾客会根据自己的需要选择辣或者不辣的辣椒。随着时间的推移颜色浅的辣椒几乎全部卖完，这下子剩下的辣椒就全是辣的了。但是张婶不慌不忙，面对顾客有关“辣与不辣”的询问时，张婶的回答发生了变化：“较长的辣椒辣，短一些的不辣”。消费者于是按照辣椒的长短来选择自己心仪的食品。很多人喜欢吃辣椒，但又不愿意辣椒太辣，所以，张婶的短辣椒很快就全部卖完了。张婶的摊位上剩下的全部是颜色较深的长辣椒。但这并没有难住张婶，面对顾客相同的问话，张婶的回答是：“较软的辣椒不辣，较硬的辣椒辣”。在不断变化回答方法的过程中，张婶的辣椒很快售完。在一旁卖茄子的李婶看到张婶的辣椒卖得这样好，开始与张婶攀谈起来：“张婶是个聪明人呀，你的辣椒与别人的相比也没有什么差别，但你的辣椒卖得很快，你真有本事”。张婶漫不经心地回答：“我售卖辣椒没有采用一贯的方法，事先将辣椒区分为两堆，一堆辣的，一堆不辣的，而是通过不断变化辣椒辣与不辣的区分方法，这不但省去了我自己对辣椒进行分类的麻烦，而且可以将所有的辣椒全部卖出去，消费者在买辣椒之前，我也不知道人们对辣的辣椒感兴趣还是对不辣的辣椒感兴趣，所以采用这种售卖方法是最好的，将辣椒分堆售卖的方法其他人都在用，而我的方法只有我知道”。李婶听了张婶的说法后比较赞同，也在琢磨着在自己的茄子营销上应该多做些文章，以便能够有更多的收成。

张婶在售卖辣椒的过程中确实表现出了与一般小商贩不一样的智慧。摆地摊的聪明才智也是非常耐人寻味的。张婶在反复变化辣椒分选方法的过程中让辣与不辣的辣椒都能够卖出去。所有的辣椒混在一起，辣椒分选的标准不断变化，让消费者从辣椒堆中自行挑选，这可以让消费者在选择辣椒上具有更多主动权。别人曾经采用过的营销方法效果不一定很好，张婶在这方面没有因循守旧，张婶的辣椒区分方法只是随时编出来的而已，张婶也非常明白，人们购买辣椒时，实际上并没有希望辣椒一点也不辣，只是需要在辛辣与微辣之间作出选择而已。因为张婶只是提供了一个分类标准而已，要想真正验证每个辣椒是否辣，就需要将每个辣椒吃一下，而这种方法绝对是不可行的。这种“不可行”，就进一步为张婶设计辣椒的区分方法创造了条件。人们将辣椒拿到家中做菜的时候，即使与预期有所差异，也不会对张婶有过多褒贬。只要辣椒是好辣椒，人们在辣椒的辣度接受程度上是有很大弹性的。所以张婶在营销上的聪明不仅表现在辣椒分选标准上，还在于对消费者的心理分析上。在人们的习惯思维方式中，深颜色的辣椒较辣，所以张婶在开始的时候就顺乎消费者的心理，也采用这种区分标准。随后通过辣椒长度以及软硬进行区分就纯粹是瞎编了。如果说通过辣椒长度进行区分没有多大的含金量，那么通过辣椒软硬进行区分，含金量还是有一些的。因为随着售卖时间的推延，一些辣椒在阳光的照射下，就会逐渐变软，所以以辣椒软硬为依据对辣椒的辣度进行区分，也是一种顺乎自然的方法。在人们的印象中，软一些的辣椒应该是辣度较低的。所以从这个角度来看，张婶还是一个不错的心理专家呢。

|将餐馆开到楼顶去|

一般的餐馆都是开在街道两侧的第一层商铺，将餐馆开在楼房顶层还是比较少见的。小张在经营餐馆之前，就有了将餐馆开在楼房顶层的打算。小张的朋友在听说这件事之后，马上对小张的想法表示反对，认为小张的生意肯定不能做好。个个都怀着看戏的心态等着小张经营失败。小张看准了的事情就要做，在看好了店铺位置后就“安营扎寨”了。小张实际上很长时间以来就有在顶楼做生意的打算。在商业街的拐角处靠近居民区的地方一座 24 层的大楼刚刚建成，小张租下了面向商业街楼顶的一套 150 平方米左右的房子，开始按照自己的想法布置店面。由于是在顶楼，所以视野开阔，人们只要一抬头就能够看到整个城市的风景。小张在餐馆的墙壁上用非常醒目的字体打出了自己的牌匾：仙客来。为了引起消费者的注意，小张还在地面上竖起了一个巨大的招牌，以大楼的照片为背景，突出显示自己的餐馆。小张不但在牌匾方面做文章，还在餐馆的内部装修方面付出了很多心血。小张在房子原来结构的基础上稍微做了些变通。由于房子处于楼顶，两面面临商业街。小张利用飘窗这个有利条件，将餐桌沿着窗子排列，将每个餐桌用屏风隔开。房子的里侧设计为厨房。小张并不希望自己的餐馆像普通餐馆那样熙熙攘攘，也不希望各色人等都能进入自己的餐馆就餐，而只将消费群体定位在年轻人身上，年轻人可以通过在楼顶消费，感受到不一样的体验。

为了在餐馆中营造温馨浪漫的情调，小张特别邀请从事装潢方面的朋友为自己进行免费设计。就餐环境不能太明亮，光线一定要柔和并且富于变化，只有这样才能够让静态的环境变得有动感。除了光线就是声音，在就餐环境中充满了声音之后，消费者就不会感到空旷。所以小张特别搜集了很多富有温情、浪漫情调的音乐和歌曲，在营业时间内播放。被隔开的就餐“雅间”都用粉红色进行装饰，座椅被设计成兔子、小羊、松鼠、小狗等性情温顺的动物的形状。人们坐在这样的“动物座椅”上吃饭与坐在常规的椅子上显然有不同的感觉。所有的餐桌都着力追求不规则形状，乍一看就像一块大石头，在石头的下面还摆上一些花和草，让人们感觉到这块“石头”是真的。在就餐的“椅子”以及墙壁上装点上藤蔓植物，这样的就餐环境显然给人们打造出了一种在野外就餐的氛围。人们在这样的环境中吃饭，就仿佛到了大自然的野生环境中吃饭一样，没有人会打扰自己，私密性的空间让就餐的消费者可以全身心地放松心情。舒缓的音乐，若明若暗的光线，喇叭中传出的虫鸣声音、瀑布声音，以及近在身边的藤蔓，都让自己感觉到大自然近在咫尺。放眼望去，透过玻璃窗可以看到全市的风景，目力所及范围内高楼楼顶闪烁的信号灯，让消费者体味到生活的感动，这种开阔的视野是在地面饭店就餐所不能享受到的。“花钱找乐”成为所有消费者在这里就餐的初衷。将餐馆开在楼顶，按照一般思路是行不通的，但是小张就是要用另类的思路为消费者创造新的消费。在地面上开餐厅，消费者出入非常方便，但是在吃饭的时候视野非常狭窄，不能俯瞰城市的全貌。不同的人消费思路有差别，年轻人喜欢前卫、时尚的消费方式，中老年人肯定不会成为这种餐馆的消费者，所以小张从一开始就将消费人群锁定在了年轻人身上。年轻人时尚前卫，喜欢尝试与他人不同的消费方式。一般人是在地面上吃饭，而年轻人喜欢在这能够与苍穹“接吻”的地方吃饭，在吃饭的过程中不仅能够享受到美食，而且能够俯瞰这个小城市的风景。年轻人具有充沛的体力，喜欢浪漫的生活方式。在顶楼上吃饭虽然要费一些时间坐电梯到楼顶，但是在楼顶能够享受到在地面吃饭时不能享受到的风景。尤其是处于谈对象阶段的年轻人更是对这样的消费方式情有独钟。如果说地面上开餐馆面对的是所有消费者，在楼顶开餐厅面对的则是钟情于这种消费方式的年轻人。小张从一开始就锁定了餐厅的消费群体，在餐馆内部陈设以及装潢等方面都作出了很多不一般的选择。小张的生意非常火爆，由于餐馆的座位并不是很多，年轻人为了在这样的餐馆中享受温馨和浪漫，一般都要提前预订座位。小张的收费也非常合理，但每天的营业额算下来也有 3000 元左右了。当时对小张表示反对的朋友们被小张的成功折服了。

肖像蛋糕

吕师傅从很远的地方来到了这个城市，打算凭借自己的蛋糕手艺打拼一下。虽然在苦心经营买卖，但生意并没有太大的起色。自己还要凭借这个蛋糕营生养家糊口呢！这种不冷不热的经营状况必须改变。不然店面的租金会成为巨大负担，而且前期的投入也很难收回。吕师傅于是开始思考吸引消费者到店中购买蛋糕的办法了。每当回到家的时候，女儿和妻子的笑脸总是让自己感到有很大的压力。这天回到家的时候，女儿正在做作业，妻子已经将饭菜摆在了桌子上。一家人坐在饭桌旁吃饭的时候，气氛显得有些沉闷。这时女儿开始打破僵局了："爸爸，不要总是这样唉声叹气的，总能够想出好办法的，你看我每天的学习压力是很大的，还有些题目不会做，不是整天还是很高兴吗？"吕师傅看着女儿的笑脸，仿佛从中得到了解开生意中遇到的谜题的钥匙。

第二天开张的时候，吕师傅在蛋糕店的前面打出了一个广告：本店专门为消费者承做肖像蛋糕，本店会按照消费者的要求，制作出各种肖像蛋糕，这样的蛋糕是专门为你做的，这是世界上唯一的蛋糕。“肖像蛋糕”这个名字听上去就很有创意，过往的行人感到很好奇，都到蛋糕店前观望。吕师傅感觉到自己的招数已经开始奏效了。于是将自己的第一批创意蛋糕摆在了柜台上。这第一批肖像蛋糕并不是人的肖像，而是各种小猫、小狗的动物肖像。吕师傅特别制作了喜羊羊以及天线宝贝系列蛋糕，活灵活现的卡通人物让很多家长着迷，一些家长当即出钱购买，在购买的过程中对吕师傅说，自己从来没有见过这样的创意蛋糕，小孩子看见了一定会很高兴的。吕师傅从消费者的反应中看到了生意的希望。随即开发出了很多种不同内容的蛋糕。天上飞的、地上跑的、水里游的，以及鲜花、种子、叶子、蔬菜果实等内容的蛋糕，在吕师傅这里都能够购买到，只要消费者能够提出要求或者将需要做的内容以图片的方式提交给吕师傅，吕师傅都会按照要求做出。

消费者对吕师傅的手艺非常满意。这天吕师傅在柜台上摆出了一个人的肖像蛋糕，正好小女儿到店中来了，看见了这个蛋糕之后说：“爸爸，你作出了这种人的肖像的蛋糕，有谁敢吃呀？你这样的产品肯定卖不出去的。如果你将蛋糕做成了某个小朋友的肖像，这个小朋友将其买回家中后，要将自己吃掉吗？”小女儿的话让吕师傅很是警醒，这种以人为肖像的蛋糕确实不能做，人们怎么会将自己的肖像吃掉呢？但是事情并不像吕师傅想象的那样，很多消费者还是到蛋糕店中定做小孩、老人等肖像的蛋糕，很多消费者说，这样的蛋糕买回去后并不打算吃，只是为了图个乐。吕师傅本来已经打算为肖像蛋糕改名了，听到了消费者的声音后，决定继续保留“肖像蛋糕”这个名称。由于吕师傅精心琢磨，店中作出的各种肖像蛋糕惟妙惟肖，自己的蛋糕店很快就在消费者中传开了。吕师傅的收入也开始迅猛增长。

吕师傅通过经营“肖像蛋糕”让自己的蛋糕店有了很大的起色。同样是蛋糕，做普通的蛋糕就无人问津，而“肖像蛋糕”就能够让人们趋之若鹜。吕师傅通过创新产品让消费者对自己的产品产生了感情。吕师傅并没有对自己的产品大张旗鼓地进行宣传，这样的小本生意也没有太多的资金用于做广告。吕师傅只是在自己的店前竖起了一块牌子，用自己的精湛技术为消费者奉献上了不一样的产品。制作出来的各种卡通形象的蛋糕为自己的产品扬名立万起到了重要作用。从寻常的思维方式中走出来，让产品以比较新颖的方式呈现，消费者就能对产品产生兴趣。商家欲用产品打动消费者，就需要不断推陈出新。有些时候，商家的想法与消费者的需求之间是不一致的，就像故事中的小女孩谈到的，任何人都不会将自己的肖像吃掉的。但是消费者将自己的肖像食品购回家中，并不是为了食用，而只是图个高兴。吕师傅的蛋糕手艺很好，但是在传统的蛋糕产品基础上加上了些新花样后，产品的市场前景就全然不一样了。吕师傅善于通过琢磨周边的事物，通过思考身边的事物使自己产生灵感，从而就能够赢得更多的机会，让自己走在了同行的前面。

成语与营销

桃李不言
——实力第一

在《史记·李将军列传》中有这样一段话：“太史公曰：《传》曰‘其身正，不令而行；其身不正，虽令不从’。其李将军之谓也？余睹李将军悛悛如鄙人，口不能道辞。及死之日，天下知与不知，皆为尽哀。彼其忠实心诚信于士大夫也！谚曰‘桃李不言，下自成蹊’。此言虽小，可以谕大也。”这段话的大概意思是这样的：太史公（司马迁）说：“《论语》中说过，作为管理者，自身一定要坐端行直，在自己为下属作出表率的时候，不用下命令，下属也就会跟着行动起来；但是如果管理者自身的行为不端正，即使是三令五申，下属也不会服从的。”这不就是说的李将军吗？我看见的李将军如同乡下人一样朴实，不会嘴上夸夸其谈。他去世的那天，天下无论认识他的或不认识他的，都为他十分哀痛。李将军那忠实诚恳的品格使士大夫信赖。这就像谚语中所说的：“桃子李子虽不会说话，但是在树的下面自然会形成一条小路（只是由于其果实甜美，惹人喜爱）。”这话虽很短小精炼，但却能够使人明白大道理啊！

产品的实力是无言的营销。虽然商家在宣传产品的过程中不断变化营销策略，但这些都只是宣传手段而已，产品借以吸引消费者的东西最终是本身的质量。产品在宣传过程中如果夸大其词就会涉嫌欺骗。在激烈的竞争中，虽然越来越多的人赞同“酒香也怕巷子深”的道理，但“桃李不言，下自成蹊”的道理也是同时存在的。产品借以吸引消费者的根本并不在于富于变化的形式，而在于产品的内涵。人们购买某种产品，最终还是为了从产品中得到某种消费效用，并不在于商家在宣传过程中多么花言巧语。如果手表的外观非常华丽，看上去也非常喜人，但是不能为人们准确地报时，这样的手表应该不会有多少人喜欢购买。同样，如果商家对某款手机极力宣传，虽然手机的功能很强大，游戏、上网等功能都具备，但在接打电话的时候经常出故障，这样的手机也不会让消费者钟情。商家对这样的产品宣传力度越大，反而越会引起消费者的反感。

商家诚实守信不是单纯体现在宣传方面，从产品一开始生产，商家的做事态度就已经体现出来了。消费者虽然并不是鉴别产品的专家，但是在使用产品的时候会不断地总结消费感受。在消费选择日趋多样化的年代里，人们在消费不同类的同质产品的过程中会不断进行对比，在此过程中对产品进行取舍。大浪淘沙最终存留下来的都是精品，产品能够在竞争中取胜的最重要依据是自身的质量。百年老店得以穿越百年时光，在老百姓的心中留下挥之不去的印象，关键就在于过硬的产品质量，这会对产品形成无言的营销。人们在消费产品的时候一般比较钟情于老字号，关键就在于老字号不仅在于时间久远，主要在于久远的时间中承载了很多，包括商家的诚信、产品的质量、产品的声誉等，老字号的商家会非常在意这些来之不易的收获，所以字号越老就越会在意产品的各个方面，因为产品的任何一个微小细节都会影响到以后的发展。小的不检点带来大的得不偿失是老字号商家注定不能做的事情。

桃李由于芳香甜美的果实而让人们趋之若鹜，由于对这样的桃李钟情的人过多，而导致树下出现了一条被人们踩踏出来的小路。树下之“蹊”自然也就成为了桃李的最佳广告。人们在消费产品的过程中具有从众心理，看到很多人都在消费某件产品的时候，也会尝试着消费这种产品，因为人们会认为大多数人都愿意消费的产品一般都是比较不错的产品，这就是数学上讲到的“大数定律”，即多数人的抉择一般是正确的。在菜市场上买东西的时候经常会遇到这种情况：在某个菜摊前没有人购买的时候，商户即使喊破嗓子，也是很少有人问津的，但是一旦菜摊前围拢了三两个人，就会有更多的人围拢过来购买，商户的生意就在眨眼之间，几分钟之间菜摊前还门可罗雀，几分钟后商户已经忙得难以招架。同样的菜在顷刻之间就受到了消费者的不同待遇。商户在忙碌中已经没有时间吆喝了，但还是不断有消费者前来。即使商户在忙碌之余不小心间“冷落”了某些消费者，消费者也毫不在意。众多的消费者已经为这家商户踩出了“蹊”，人们在这条“蹊”的引导下，自然就将商户的产品锁定为自己心中的那份“桃李”。

创业与营销

剪纸中的财富

剪纸是中华文化中的古老艺术，玩转剪纸也能给你带来财富。但是剪纸并不一定必须与年迈的老太太联系在一起，“90后”的女孩小王就是靠着自己的聪明才智玩转了磁性剪纸，并以此为自己的人生添上了靓丽的一笔。精心设计的磁性剪纸可以作为家具装饰、礼品赠送，也可以用于旅游纪念、艺术珍藏等。小王精心开发了不同种类、不同用途的剪纸，为自身的成功创造了更大的空间。小王认为磁性剪纸的创造发明纯属偶然。她在非常小的时候就看着身边的老人们在逢年过节的时候用巧手将彩纸剪成斑斓的窗花，栩栩如生的画面让孩童时期的小王感到非常新奇。这些“脆弱”的窗花看上去非常漂亮，但在用糨糊贴在窗户上的时候不免就会撕坏，看着这些完美的作品被人为“捣毁”心里不免有些失落。于是小王决心开发出来一种全新的剪纸艺术，不让窗花受到损坏。

小王注意到了传统剪纸在贴窗花过程中的诸多不便，所以致力于设计出一种全新的剪纸，这种剪纸成本低、使用方便，不但能够很好地与传统艺术相结合，而且非常适合资金不足的初期创业者涉足。

第一，将新想法付诸行动。小王已经看到了传统剪纸的不方便之处，所以就想通过一定的方式改变这种状态。传统剪纸虽然看起来非常漂亮，但用起来不方便，再加上裁剪时程序复杂，剪纸艺术在民间越来越难以进入人们的视野了。为了发明一种更加简便的使用方法，小王反复尝试终于发明了用磁性材料代替传统的剪纸材料的方法，磁性剪纸诞生了。磁性剪纸听上去就给人以一种全新的感觉，是对传统的剪纸艺术的巨大创新。这种剪纸经过简单处理后就很容易黏附在玻璃或者窗纸上，并且解决了传统窗花容易褪色以及不易收藏等问题。既然剪纸可以收藏就可以重复利用了，这实际上是为消费者省下了钱。磁性剪纸的灵动想法就在于突破传统剪纸易碎、不易粘贴、不易保存的缺陷，将剪纸产品变得更加方便消费者使用。之后小王为自己的发明申请了专利。

第二，深度开发礼品市场。磁性剪纸由于相对于传统剪纸更加具有优势，并且在操作过程中能够为消费者带来更多乐趣，再加上剪纸材料改善了，更加易于收藏，从而在一定程度上改变了传统剪纸那种只为消费而购买的消费愿望，小王于是打算将自己的产品打入礼品市场。剪纸主要是在卖艺术，所以就要在剪纸的花样上做文章。于是小王开始以磁性材料为依托，以红色为主色调着手设计各种款式和主题的剪纸作品。剪纸有大有小，即使同一个花色的剪纸也能够作出不同大小的作品。这样一来消费者就可以根据自己的需要购买别具特色的剪纸作品了。小王的剪纸产品在价格设计上也体现出差别，从一元到几千元的剪纸都有。大公司往往需要几千元的剪纸作品，这样的剪纸需要多名工人合作完成，大公司往往一下就订购好几个这样的剪纸。小王的磁性剪纸艺术作品得到了消费者的认可，于是开始开发更加多样化的作品。小王开始认真琢磨新的方法，以便将自然界的花鱼鸟兽树木山峦等纳入剪纸内容，并且开始与专门为礼品设计装潢的公司合作开发剪纸装潢设计，小王于是开始为自己的部分剪纸作品设计了美观的相框，剪纸于是由原来“睡”在口袋中变成为“立”在墙上，消费者可以将剪纸的风采尽收眼底。

第三，巧妙构思创造差异。磁性剪纸由于着色方法不同于传统纸张的着色工艺，而且纸张的质地也发生了显著变化。不但剪纸看上去更加鲜艳夺目而且立体感更强。剪纸一般都是用于烘托喜庆气氛的，过了这样的时候消费者可以将剪纸保存起来以便下次再用，但是传统剪纸是不具备这样的功能的。为了让消费者更加方便，小王特别制作了专门放置剪纸作品的精致小盒子。这些小盒子形状各异、大小不一。用红色作为主色调，并且用金边进行装饰。消费者花钱不多但能够购买到比较称心的、体面大方的消费品。为了使剪纸的用途更加广泛，小王注意到剪纸可以并不单纯用于贴窗花，也可以通过与其他产品结合在一起，可以从多方面展示剪纸艺术的魅力。消费者的需要就是商家的行动，小王于是开始考虑与其他产品嫁接的思路，设计出多种款式的产品，采取与其他产品利润分成的方式合作。小王首先考虑的就是服装公司，将剪纸艺术的精美图案印制在服装上，由于这种图案较其他图案更加新颖别致，产品投入市场后马上受到了消费者的关注。小王还与一些首饰企业联合设计生产出了以剪纸为题材的首饰，颜色多种多样。在首饰店中刚一亮相就得到了年轻女性消费者的青睐。

第四，另辟蹊径涉足旅游。起初的时候小王的产品主要向超市、门店等进行代销，收益很好。很多代销点都催着小王要货，小王的货已经供不应求。随着利润增多，小王生意的规模开始扩大。这时候小王开始将自己的关注点转移到了旅游产品市场。小王首先将原先作为礼品相送的一些产品投放到旅游景点，发现销售量非常好。起初主要是外国游客购买，后来国内游客的购买量也不断上升。小王在调查中得知，游客非常希望能够购买到以旅游区的典型景点为题材的剪纸。得知这个情况后小王如获至宝，在最短时间内改变了自己对剪纸的设计思路。组织相关剪纸设计人员到需要开发的景区旅游拍照，经过几个月的准备工作，终于设计出了第一批比较像样的以旅游景点为依托的剪纸作品，当这些剪纸作品投放到相应的景区之后，让小王没有想到的是产品销售异常火爆，很多游客由于没有能够购买到这样的产品而感到非常遗憾。在打听到小王的联系方式后，纷纷要求小王将制作好的景区剪纸直接邮寄到消费者的住处。这为小王打开了另外一条经营思路，就是通过办网站进行网上售卖，通过这种方式可以在全世界范围内建立起自己的生意网络。小王感觉自己的生意前途是非常光明的。

致富经 创新产品妙在不言

不断发现机会和用新思路经营旧产品就能够给产品创造出更多卖点。创新的方式是多样的，对既有产品进行改造使得产品更加人性化，进而满足人们多样化的要求。消费者在看到这样的产品后就会有耳目一新的感觉。消费者在享受着这样的产品的同时，不禁会为产品发明者的聪明才智所折服。小王在剪纸上煞费苦心，终于对传统剪纸进行了创新设计，让消费者感觉到在消费这种新产品的过程中能够更加方便。小王的新剪纸表面上是为消费者创造了方便，实际上是在创造消费者的多样化需求。小王在思考新产品的过程中，创新的着眼点就是改变这些不方便并逐渐消除这些不方便。小王在不改变产品性状的前提下使得产品更加方便消费者消费。这种新产品相对于既有产品而言自然就有了更多的亮点。通过产品差异化，让消费者体会到产品消费过程中的新鲜，小王就是通过这种新鲜不断调动消费者的胃口。小王将自己的奇思妙想进行产业化，让更多的人具有消费该产品的机会，消费者在消费过程中就会树立该产品的口碑，消费者从而担负起义务宣传员的角色。小王在销售剪纸产品的过程中，不但让店铺代售产品，而且将产品向旅游景点销售，取得了意想不到的效果。小王的创业经历表明，创新性的思路就是赢得财富的开始。

第 8 课 改头换面

引子

让产品变得与原先不一样，就能够增加产品的卖点，这实际上就是在打破人们的传统消费观念，商家在打破常规的过程中让产品增加了吸引力。例如让白色的小麦面条变成五彩面条，让纯白的豆腐变成五彩豆腐，这些都是通过改变视觉的传统做法，从而为人们创造出了新口味，产品也就增加了新的卖点。当然在此过程中商家需要创新工艺，这是一个艰苦的探索过程。商家通过为产品“整容”让产品变得更加俏丽，产品就越容易找到合适的“婆家”。以玉米为例，人们一般都是用玉米做饼子、窝头、烙饼等面食，很少有人将其做成面条煮着吃，现在市场上的面条主要是白面条、杂粮面条、薯粉面条等，这些面条经过煮制、过水，伴以精致可口的菜料，美轮美奂的打卤面就呈现在人们面前了。但是人们碗中很少看见玉米面条，如果市场上出现不掺杂任何附加成分的原味玉米面条，就会让消费者眼前一亮。这样的面条煮熟后，喷香的玉米味直冲人们的鼻孔，滑润爽口的玉米面条一根根的非常劲道，这与人们想象中的玉米面条一煮就烂的印象大相径庭。这种另类口味的面条自然就丰富了面条的大家族，这种让人耳目一新的产品自然也能够让人们产生吃一吃的想法。

“改头换面”并不是只做表面文章，产品的内涵也是需要提升的，所以“改头换面”并不是简单的“旧人穿新衣”，如果是这样，消费者就会感到受了欺骗。将原来的白色豆腐做成五彩豆腐，豆腐不但变化了外观，而且变了内涵，人们吃上这样的豆腐会感受到更加营养，这种豆腐在外延和内涵上都有了很大的改善。“改头换面”就是要淘汰旧的接受新的，首先通过新颖的外观赢得消费者，让消费者对产品“一见钟情”。这种第一感觉是非常重要的，只有能够让消费者驻足观望才有成交买卖的可能，所以“改头换面”就是商家对消费者进行的一场“伏击战”。产品的“变异”激发了消费者的购买欲望，商家与消费者之间实现了双向沟通。消费者能够消费上更加新鲜的玩意儿了，商家也得以赚得钵满盆满。商家只要能够潜心为消费者着想，消费者就不会将商家抛在脑后，如果有一天某件产品让消费者经常挂在嘴边，就说明消费者已经离不开这件产品了。商家为消费者送上了这样地道的产品，即使想将消费者与商品分开也是非常不容易的事情了，更何况没有任何一个商家会傻到真正地去这样做。

趣味营销故事

豆腐不再“清白”

下岗之后的小王在无奈之下经营起了一家豆腐店，做豆腐的手艺是祖传的。小王做生意非常勤奋，每天都是起早贪黑，天亮之后就将做好的豆腐四处去卖。但是由于卖豆腐的人非常多，小王的豆腐虽然口感不错，但由于缺乏特色，所以生意一直很平淡。这天小王又像往常一样准备将头天晚上做好的豆腐带到市场上去卖，但是在将豆腐放在三轮车上的时候，发现豆腐上面有一层淡淡的绿色。小王很好奇，本来白白的豆腐怎么能够变成绿色呢?后来才想起来，是因为在做豆腐的时候不小心掺入了一些芹菜汁，豆腐中的绿颜色就是芹菜的颜色。小王于是突发奇想，如果将豆腐做成各种颜色，这样一定会引起消费者的购买兴趣。为了让想法变成现实，小王从市场上买来了芹菜、紫菜、胡萝卜、番茄、香蕉等，搅碎捣汁，在做豆腐的时候与豆浆一起搅匀。但是起初做好的豆腐很容易散，经过咨询专家才知道，是由于这些蔬菜在掺入豆腐的过程中纤维过粗，这会导致豆腐不能成型。后来在专家的帮助下，小王改进了生产过程，终于制造出了非常完美的豆腐。紫色、红色、白色、绿色、红色、黄色等各种颜色豆腐呈现在货摊上的时候，消费者非常好奇，问这问那。让小王没有想到的是，很多消费者担心自己买到的豆腐是掺杂了化学颜料之后做成的。消费者的这个反应让小王非常失望。本来希望通过这种别具特色的豆腐，能够赚得更多的钱。没想到到头来受到了消费者的猜忌，小王的五彩豆腐出师不利。没有办法，小王只有想招数让消费者相信，才能够将豆腐卖出去。为了让消费者相信，小王现场做蔬菜汁，让消费者亲眼看见自己做五彩豆浆的全过程。小王不仅卖豆腐，而且还卖豆浆。小王在消费者面前喝豆浆、吃豆腐，这下子消费者完全相信了。在小王的货摊前排起了购买豆腐的长队，人们都感到这样的豆腐非常神奇。购买了这种五彩豆腐的人都说，这样的豆腐不但能够吃出各种蔬菜的味道，而且营养更加丰富。小王每天还没有将货运到自己的货摊的时候，往往就有很多消费者排队等候购买了。

小王将传统的白豆腐变成了五彩豆腐，不但让豆腐的外观发生了变化，而且让豆腐的内涵也有了很大的不同，人们吃这样的豆腐，会从中得到更多的健康。小王从传统的思维方式中挣脱了出来，为人们奉献上了不一样的产品。在为消费者提供了多种选择的同时，也为自己挣得了更多的财富。从故事中知道，小王想出的改变豆腐的招数完全出自偶然，但是小王很好地抓住了这个偶然的机会，并且沿着这个思路不断改变花样，将豆腐的颜色由单色变成了多色。豆腐有了新的亮点，自然就能够更好地吸引消费者购买了。虽然起初的时候，人们对这样的五彩豆腐还是抱有戒心，但是经过小王现场演示，人们心中的疑虑就全部被消除了。小王虽然没有系统地学习过营销理论，但潜意识中是在有效地用营销学方法经营生意了。小王的豆腐能够出彩的地方就在于，让豆腐由单一的白色变为了多彩的颜色。在人们的生活水平逐渐提高的情况下，消费者对新鲜产品非常敏感，别的商家卖的豆腐都是白颜色，而小王的豆腐是五彩的，人们即使不买，也会对这样的豆腐感到好奇，这无形中就会增加产品的人气。产品要想赢得消费者的青睐，首先就应该引起消费者的注意，进而让消费者对产品产生兴趣，在消费者具有了购买产品的愿望的时候，商家就能够将自己的产品卖给消费者了。小王在此之前还是一筹莫展，在有了彩色豆腐这个意外收获之后，生意马上发生了巨大改变。五彩豆腐给小王的生活增添了色彩。

小菜做出大文章

人们在市面上看到的很多大品牌菜肴都是从家庭餐桌上走出来的，这些已经红遍大江南北的品牌起初都是普通家庭餐桌上的备用小菜，精美的菜品加上商家的苦心经营就有了人们现在能够看到的知名品牌了。像老干妈豆豉辣酱、王致和酱豆腐等这些都是人们生活中经常食用的小菜。小菜中也能够蕴藏着大买卖。小胡就是凭借着自己的聪明才智在江湖上打拼出来了一个源自家常菜的、能为自己捞金捞银的品牌，这就是人们在市面上见到的“一碟小菜”。

小胡出身于农民家庭，没有什么家底，中学毕业后就开始在市面上闯荡，当时身上揣着几十元钱，就只身来到了大城市，两眼一抹黑的小胡举目无亲，最要紧的就是要找一个地方落脚。为了站稳脚跟，小胡首先找到了一家餐馆，这里包吃包住，凭借自己的勤快劲儿，小胡很快就与老板打得比较火热。小胡的目标不为挣钱，而是为了学到做买卖的技术，所以在打工期间不断向身边的人学习做买卖的生意经。小胡期间做过很多种工作，包括修自行车、做搬运工等这些苦力活都尝试过。小胡非常明白，这些没有太多技术含量的活对自己的成长不会有太大帮助。小胡在工作中不断思考着将来自己的生活方向，希望自己能够有偶遇，让自己的人生产生逆转。

在做搬运工的时候，小胡认识了一个在工地附近卖涪陵榨菜的小老板，两个人非常合得来。闲谈中小胡问这个老板榨菜的价钱，老板告诉小胡说，由于咱们都是老熟人了，如果你要购买，我就按照七折的价格卖给你。小胡吃过老板的榨菜，味道非常好，好多人都是从他这里批发榨菜的。小胡听到老板给自己这样优惠的价格，于是拿着榨菜的样品赶紧到自己曾经打工的面馆推销，面馆老板当时承诺要买下小胡四坛榨菜，小胡算了一下，每坛榨菜能够赚到 50 元，四坛榨菜就是 200 元。这种挣钱的方法较自己做搬运工容易多了，并且还有一定的智力含量。于是断然辞掉搬运工的工作，开始做起了推销榨菜的生意。小胡的榨菜除了向原来的熟人卖，也开始走街串巷地向小老板们推销，一个月下来就有了 4000 元左右的收成，这让小胡非常高兴。

在推销榨菜的过程中，小胡最大的收获实际上并不是眼前的这点收益，而是慢慢地建立起了属于自己的生意网络，这为小胡未来的生意奠定了坚实的基础。小胡为了增加盈利，在推销榨菜的过程中还增添了其他可口小菜，自己的收益开始成倍增加。由于与这些小老板们非常熟了，大家都非常信任。小胡根据经验估摸着下次送菜的时间，到时候只需要一个电话沟通一下就可以了。

小胡的生意网络建立起来了，生意做得顺风得水。为了将生意做大，小胡开始将目光转向超市，但是在小胡将产品向超市介绍的时候却碰到了意想不到的问题：其一是超市里已经有了类似的产品，其二是小胡的菜都是坛装，普通消费者很难一次购买一坛。这让小胡更加成熟起来，要想将生意做大，就必须有自己的品牌，并且在产品的包装等各个方面都要周全，这才是长远大计。

为了做大生意，就必须有自己的“根据地”，为了这个“根据地”小胡就必须猛赚钱。终于有一天，小胡有了比较多的积蓄了，开始正式成立了属于自己的公司，虽然公司起初很简陋，但是产品开始有了自己的品牌，小胡给自己的产品起了一个非常响亮的名字“一碟小菜”。在注册商标时特别配上了一张简洁明快的图片：盛满小菜的白碟子上放着一双筷子，以大自然的风景做衬托。“一碟小菜”中蕴涵的闲情雅致意境顿时就被烘托了出来，人们透过这样的宣传，看到的是一盘大众菜、百姓菜，这是一盘千家万户的餐桌上都会摆放的菜，这个非常口语化并且贴近人们日常生活的菜品马上受到了消费者的注意。小胡终于为创建自己的品牌走出了第一步，普通餐馆和大型超市等都能够见到小胡的产品。小胡自此完成了人生的蜕变：由为别人打工变为让别人为自己打工。

宠物店

人们的生活逐渐靓起来的同时，宠物市场也开始繁荣了起来。主人都希望自己的宠物要足够体面，这无形中就为有心计的人提供了发财的空间。人们要打扮自己的宠物，就需要购买宠物用品，所以做宠物用品生意应该有一定的市场。小朱大学毕业后就打算做这样的生意，这并不是小朱心血来潮，而是已经“蓄谋已久”的。在上学的时候，小朱就注意到了一个问题，随着很多家庭开始养宠物，与宠物相关的产品在市面上开始多了起来，诸如宠物粮食、宠物衣服、宠物配饰、宠物医院、宠物寄养等很多行当都开始有了。小朱有一次到宠物市场上游逛，发现有一个时髦女郎到处打听哪里有卖宠物皮鞋的，小朱听到这样的话的时候，几乎没有把自己给笑死：宠物还有皮鞋吗？但是向这位时髦女郎搭话的人却一本正经地回答说：那边，向前走不远就有一个店，里面就有卖的。这让小朱非常惊讶，看来是自己太"OUT"了。小朱也顺便走到了那家商店，怀着非常好奇的心情走进店中，发现其中有很多与宠物有关的用品，宠物皮鞋自然列在其中，各种款式、各种型号、各种颜色，让人目不暇接。小朱没有想到宠物用品还有这样一个奇妙的世界。

从那个时候起，小朱就有了做一家宠物饰品店的愿望。小朱大学毕业后，回到了自己的老家，这是一个非常繁华的中等城市，小朱的家就住在距离步行街不远的地方。小朱在家人的帮助下租下了一家门脸，把店面装饰了一番，在门脸上打出了"为宠物服务"的招牌，开业的第一周内，小朱就召集了自己十多位亲朋好友带着其心爱的宠物，到自己的店门前做宠物表演，在此过程中佩戴着店中的各种新鲜饰品，效果果然不错，这条步行街因为有了小朱这样一个新成员而热闹了起来。很多人都知道这里有了一家宠物饰品店，很多人都到小朱这里看热闹，一些人由于感到非常新奇，也买了些小物件。小朱每天都要盘算一下自己的收成，虽然卖出的商品数量不少，但是收益并不是很大，因为每种商品的物件非常小，利润实际上没有多少。开业最初的两天内，由于到店中光顾的人不少，每天大概能够有千元的收入。天真的小朱按照这样的收入状态推算，每个月的纯收入至少要过万元。但是小朱的预计太不靠谱了，一周之后店里就变得非常冷清，几乎没有人到店里光顾了。这让小朱感到非常茫然，自己也弄不清楚到底是哪个地方出了问题。

一个好心的朋友为小朱指点了迷津：周围的消费者都知道你在这里开了店，需要买东西的前些天肯定都买过了，宠物饰品并不是需要天天购买的，前些日子该买的都买了，这些天的生意自然就显得非常冷清了。这下子提醒了小朱，单纯售卖宠物饰品，自己这个店是没有办法运转起来的，一定要增加衍生业务才可以，自己的店一定要向宠物寄养、宠物食品方向发展，才能够为自己创造源源不断的财路。刚巧这天有一个顾客找到了小朱，说自己有事要外出几天，家里边没有人照看自己的宠物，请求在小朱这里寄养几天。顾客非常慷慨，随即掏出了300元作为宠物寄养费。小朱看着这300元开始感觉到了诱惑，反正自己也不会有很多麻烦，干脆就应承下来。没想到小朱的这个应承，马上使自己的生意红火了起来，开始有更多的顾客到小朱这里来寄养宠物。小朱觉得是时候了，于是正式开辟了自己的宠物寄养业务，并且张贴出了收费标准。在店前张贴出了“由我给您代养宠物宝贝，让您离家不用愁”的广告，这样富有亲和力的广告语，再加上小朱与人为善的品格，小朱深得消费者的信任，生意开始火了起来。

看见小朱的生意不错，开始有更多类似的店在同一条街上开了起来，这些人都想与小朱分一杯羹。小朱又开始有了烦心事，小朱觉得打价格战肯定不行，这样会使得自己没有办法经营下去。小朱开始思考扩大业务范围的新方法，必须找到新思路，让自己走在别人的前面，才能够给自己打开新市场。闲着没事的时候小朱总喜欢上网浏览，看到国外实行宠物美容，很多有钱的主人都喜欢花钱给宠物打造别致的造型，这个可是具有较高技术含量的业务，获利潜力很大。小朱开始打定主意让自己的生意朝着这个方向发展。为了赚钱就必须先投资，小朱为此请来了专门为宠物设计造型的造型师，把打扮得精致漂亮的宠物拍照后张贴在橱窗上，并且打出了“为宠物美容美体，打造和谐家庭”的广告，为了不至于将自己的客源让其他店抢去，小朱除了实行会员优惠制外，还定期地在店前举办选美大赛，在大赛上获奖的宠物可以享受一年的免费美容服务。小朱通过这种方式让自己的店名气更大了，消费者到了小朱的店中，可以一次性实现购粮、美容、寄养、装饰等全方位的服务。在业务逐渐扩大起来后，小朱开始雇佣了几名员工，大家都有明确的分工，这可以让小朱腾出时间来更好地规划宠物店未来发展的事情了。

成语与营销

别出心裁
——奇招制胜

在明朝李贽的《水浒全书发凡》中有这样的叙述："今别出心裁，不依旧样，或特标于目外，或叠采于回中。"基本意思是，突破传统的构思或设计，用非常新颖的方法做事情。做事情总是拘泥于传统就如同吃人家已经嚼过的东西。不但自己感到没有味道，而且别人也会感觉到枯燥乏味。所以突破传统、图谋创新，就会让人们感受到不一样，让他人有新鲜感，从而为自己的生存创造更多的机会。商家营销产品也要采用别出心裁的方式让消费者记住自己，只有这样才能够在众多的同类商品中让消费者更多地买自己的账。商家在营销产品的过程中，需要用新颖的视频、广告、包装、情感等对产品进行烘托，让消费者感觉产品更亲近，第一眼看见这种产品的时候，就感觉到这种产品正是自己所需要的那种。消费者在对产品产生了难以割舍的情愫后，就会成为产品的忠诚消费者。

商家在营销产品的过程中，为了给消费者醒目的印象，在广告语上别出心裁是很常见的事情。在提起一些脍炙人口的广告时，人们马上就能够联想到其对应的产品，这说明这些产品的广告是非常成功的。"味道好极了"（雀巢咖啡）、"做女人真好"（太太口服液）、"喝了娃哈哈，吃饭就是香"（娃哈哈）、"今年过节不收礼，收礼只收脑白金"（脑白金）、"好空调，格力造"

（格力空调）、“农夫山泉有点甜”（农夫山泉）、“大宝、天天见”（大宝）、“一切皆有可能”（李宁运动系列）、“神州行，我看行”（中国移动）、“非油炸，更健康”（五谷道场）、“激情成就梦想”（青岛啤酒）。如上这些耳熟能详的广告语，在消费者心中已经烙下了挥之不去的印迹，简短易记的广告语将产品的最重要特征描述了出来。好产品通过好的广告进行了烘托，产品得以在市场上进行更好地传送，增加了产品成功的机会。

刚刚退休的老王不甘心寂寞，准备践行自己长期以来未实现的夙愿，即开办一家企业。虽然自己的积蓄不多，但还是打算要试试。于是拿出自己仅有的二十几万元开了一个酱菜厂。老王虽然没有经营工厂的经验，但凭借自己在工厂中多年的经验，有足够的信心将这个酱菜做成所在城市的驰名产品。经过精心准备，酱菜厂终于开工了。为了对产品扩大宣传，老王想到了广告位广告的方式，于是开始游走于城市的大街小巷和城内城郊，经过很多天的详细考察，老王终于找到了一个比较合适的地方，这个地方位于高速公路引线，进出本市的车辆络绎不绝，人口的流动量非常大。如果在这个地方竖起广告，不仅能够对本市的消费者产生影响而且对非本市的消费者也能够产生一定的作用，这个地方远离市区，广告位的价钱也是能够接受的。思来想去感觉这个地方真是再合适不过了，于是联系了相关部门签订了租用协议。没有过多长时间在这个地方就竖起了一块巨幅广告牌，但令人不解的是，广告牌上并没有登出酱菜的有关内容，而是登出了一个广告位招租的广告，上面写道：“广告位招租，每年五百万元。”来往的商家行人对这块广告牌产生了浓厚的兴趣：这个地方有这么值钱吗？这简直是天价广告位！其实老王的目的非常简单，即通过天价广告位招租的方式让大家关注这个地方，从而在全市人民之间引起轰动，而这种轰动对于其酱菜产品的“成名”是非常有帮助的。时间过去了一个月，天价广告位招租简直成了街谈巷议的热门话题。很少有人知道这个广告的“幕后操纵者”。这一天老王突然在广告牌上打出了酱菜的有关事宜。于是人们的议论热点由原来的天价广告位迅速转变到了老王的酱菜上面。老王的酱菜在短时间内成为了全市人民的“名牌菜”。老王的目的达到了。

现代经济是竞争的经济，产品的品质不但要好而且还要让消费者充分了解该产品，产品才会有不错的销路。“酒香不怕巷子深”的时代已经过去了，“酒香也怕巷子深”要求商家在自己的产品与消费者之间沟通的桥梁上做文章。老王想出的妙招是值得思考的。本来自己的资金不是很雄厚，但是还必须做到具有雄厚资金的老板想做到的事情，“天价广告位”就达到了这样的效果。首先以天价广告位的方式吸引大家关注这个要做广告的地方，于是大家就拭目以待瞪着眼睛看到底谁有这样的实力或者谁愿意当这个“冤大头”。老王的酱菜也许不会成功，但这样的备受关注就为其成功增加了更多的机会。当然如果说成功，这只是成功的第一步：即广告的成功。老王还需要在产品的质量上下工夫。因为产品的质量才是企业立足的根本，没有过硬的产品质量再好的广告也只是欺骗，消费者是不会为这样的产品“投票”的。老王的出奇广告妙招在第一时间内收到了奇妙的效果。

创业与营销

蚊香改变生活

没有多少资金基础的小王想通过开发一个比较有发展前途的项目，成就自己的财富梦想，经过几番思考最终选择了蚊香行业作为自己生意的起点。其思考前提是：随着人们生活水平的提高，健康意识和环境意识不断提高，人们对蚊香的需求也会不断增加，而目前市场上的蚊香是供不应求的。小王充分发挥聪明才智解决了资金、技术、厂房和设备等问题。通过变卖夫人的首饰凑足了两千元开始投资经营。在随后的经营中，通过独特的营销方式站稳了脚跟。在苦心进行下终于成就了大品牌，产品成为了千家万户的消费对象。小王的财富梦想实现了。

小王的创业着眼点放在了人们夏天生活中需要的蚊香上面。从表面上看起来每盘蚊香的价钱并不高，其中好像不会蕴藏巨大的财富。但由于消费的数量大，并且天南地北的人都要消费，所以市场空间非常宽广，小生意中实际上蕴藏着大商机。

第一，改变生活习惯。在没有蚊香之前人们抵御蚊子的方法就是蚊帐。在广大的农村地区夏天的时候人们会燃火绳（用艾蒿拧成的草绳，晒干后点燃可以冒烟，烟中带有香气）。火绳熏蚊子的效果虽然比较好，但火绳冒出的烟不但熏了蚊子也熏了人。在烟非常浓的时候，人们往往被熏得眼睛流泪。所以，燃火绳熏蚊子的方法并不卫生。在天气潮湿的时候火绳的干燥程度很难保障，火绳用起来并不是非常方便。同样城里人挂上蚊帐就会影响空气流通，大夏天里人们被裹在蚊帐中就像被放进了蒸笼。所以，农村点火绳以及城市挂蚊帐都不是很好的选择。如果能够改变人们的消费习惯，让人们都能够由燃火绳或者挂蚊帐变为点熏蚊香，中国人消费蚊香的潜力应该是非常巨大的。当时国内也有生产蚊香的企业，但生产的蚊香都是用于出口的，让国人都有消费蚊香的习惯就是打开国内市场的关键。为此小王开始在国内广泛做关于点蚊香方面的宣传，在中国还不具有消费蚊香习惯的时候就率先打开国内市场，这为小王的蚊香发展带来了机遇。

第二，营销独具特色。随着经济的发展，国内的蚊香市场也逐渐发展起来，蚊香的品牌也逐渐多了起来。在日杂商品交易会上来自全国的蚊香铺天盖地，各种品牌蚊香不计其数，为了使自己的蚊香成为蚊香行业的领跑者，小王觉得自己的蚊香不能与其他品牌的蚊香在同一个轨道上赛跑。由于自己的资金较少，不能与其他资金雄厚的大企业相竞争。小王有了“在闹市贴广告使自己的产品崭露头角”的想法。于是开始在经销商、采购商住宿的大宾馆以及火车站、汽车站等人流较多的地方大量张贴广告。这一传统招数居然引发了奇效，在贴广告的第二天小王的蚊香就名声大噪了，很多大客商开始给小王打来电话咨询情况。由于自己的蚊香定价合理，可以为经销商带来较为丰厚的利润，于是很快引来了很多商家前来签订购买合同。小王抓住这样的机会与很多经销商建立起了稳定的供货关系，并且对这些销售商承诺以较低的价格供货，经销商如果能够为小王介绍更多的经销商，则可以再得到更多的优惠。

第三，不断创新产品。蚊香虽然只是一个小产品，但产品也是在不断创新的。生意日渐红火的小王并没有放弃创新。小王偶然一次见到了意大利生产的“必扑”牌电蚊香片很受启发，产品必须推陈出新，只有创新的产品才能够引领市场。小王于是力排众议倾囊购买电蚊香生产设备，在国内率先生产电蚊香。相对于传统的燃烧式的蚊香而言，电蚊香没有烟灰并且体积更小，使用后不会对家庭环境形成污染。电蚊香对于国人还是新鲜事，消费者认为这种产品非常新鲜，这为小王捞取更多的财富创造了机会，也成为了小王在蚊香方面进行第二次创业的基础。从传统的点燃式蚊香用烟熏蚊子到电蚊香用气熏蚊子，实现了蚊香产品的革命性变化。电蚊香很快得到了国人的青睐。

第四，舍利润求市场。到目前为止，小王的蚊香产品已经发展到有传统蚊香、电蚊香片、杀虫气雾剂等多种产品，但由于蚊香是一种普通的家庭生活用品，利润非常低，产品的生存需要有一定规模的销售量。产品质量是最关键的，但保证产品质量就需要多消耗成本，通过舍本逐利占领市场的方法似乎与商家追逐利润的本质相矛盾。这种情况下小王考虑的是宁可舍弃利润也要留住市场。小王觉得只有保住市场才能够保住利润。所以小王的选择就是放弃部分利润赢得消费者的青睐。小王的销售策略使得消费者可以用低价购买到优质的蚊香，小王这招保证了消费者对蚊香这个品牌的忠诚，小王的主张是正确的，保住了市场就延续了产品的生命。小王觉得，长期的奋斗已经使自己具有作出这种决策的能力，并且坚信这样一个道理：在激烈的市场竞争中，只有懂得放弃的人才能够得到更多。小王想得到更多的利润，就要首先放弃部分利润，只有这样才能够让消费者买这个产品的账。

致富经 消费者永远是上帝

夏天到来的时候，人们最先的时候是用艾蒿制作的“火绳”燃烧过程中冒出的烟熏死蚊子，在火绳冒烟的时候虽然熏死了蚊子，也使人们感到比较难受。随后便发明了驱蚊剂即用化学喷雾的方式驱走困扰人们睡眠的蚊子。但是这种方式不但赶走了蚊子，也会使人的身体在某种程度上受到伤害。所以变火绳驱蚊为蚊香驱蚊在很大程度上就是一种进步。蚊香的利润虽小，却是人们夏天到来后每天都要消费的产品。对产品进行精心设计，使得产品更加方便消费者使用，商家就能够牢牢地把握住消费者，就会占领较大的市场份额。小小蚊香在消费者心中具有了不可替代的地位。善于从小生意中看到大财富就是商家的智慧，善于将小生意做成大生意就更加能够体现出商家的智慧。在产品逐渐升级换代的情况下，电蚊香自然更加能够让消费者便利和安全，其效果较先前版本的蚊香更能得到消费者的青睐。商家不断为消费者带来便利，消费者就会更加愿意用货币为其产品“投票”。小王能够走在同类产品的前面，并且通过一定的策略改变了国人的消费习惯。在赢得了一个市场之后还以不断地创新为消费者创造出更大的方便。在蚊香产品日益丰富化的情况下，人们有了更多的消费选择。消费者在作出消费蚊香的选择时，实际上就是在支持商家的发展。小王的蚊香，首先提供的是优质产品和优质服务，然后才是财富的积累。

第9课 营造时尚

引子

时尚与前卫、现代、新潮等具有同等意义。相同的花费创造更多的时尚，当然就会让消费者感到更多的超值享受。商家在为消费者创造时尚方面招数越多，就越能够让产品有更多的市场。时尚并不一定与奢华联系在一起，因为只有将时尚变为大众消费者能够消费的东西，商家才能够把握住更多的市场。人们在过着穷日子的时候，穿上一身新衣服、吃上一顿好饭菜就是求之不得事情了。当时在人们的眼中这是让他人非常羡慕的事情，但是苦于当时没有那么多的财力，大多数人在大多数时间内还是在苦日子里煎熬。现在人们的生活条件好起来了，美味佳肴成为了家常便饭，为了健康和美丽，人们开始怀念旧时的苦日子，人们开始喜欢吃粗粮、吃素食，在用餐的过程中更加讲究荤素搭配，人们希望从日常饮食中得到健康。旧时候“食不果腹、衣不蔽体”是一种无奈，没有人喜欢过这样的日子。现在人们却主动追求“食不果腹、衣不蔽体”的生活，很多人都将这样的生活方式认为是时尚。原来人们的购买力非常低，大多数人的交通方式是骑自行车和步行，在上班的路上就锻炼了身体。现如今人们有了私家车，与此同时活动量也越来越少了。为了求乐求健康，人们开始开着私家车到健身房锻炼身体，到较远的地方爬山，这些原来非常自然的事情，在现代人看来都是时尚。

在农业科技不发达的时候，人们吃的都是无公害的粮食和蔬菜，现代社会中这样的蔬菜和粮食仿佛很少了，吃有机蔬菜，享受天然食品成为了人们梦寐以求的事情，这些原本是非常普通的事情，现代人都将其与时尚连接在了一起。时尚能够打动消费者，时尚能够创造出更多的卖点。商家在时尚方面做文章，就能够赚取更多的财富。“时尚”并不总是与“现代”联系在一起的，有些时候“古朴”反而成为人们对市场的追求。所以时尚的内涵是非常丰富的，对于不同的消费人群而言，有时候很难用统一款式的“时尚”内涵对其进行“招待”。小姑娘喜欢芭比娃娃和蜈蚣辫，小男孩喜欢狙击枪和冲锋衣，中年男士喜欢萨摩耶（一种宠物狗），中年女士喜欢丰容靓饰，所以不同性别不同年龄的人对时尚的理解都有差异。商家为了做到“弹无虚发”，就需要深入到消费者中间去，看看不同人群对市场的理解是什么，通过不同的方式满足消费者对时尚的要求。年轻女士在街上走路时一般都有一个挎包，这样就更加能够衬托出女性美，于是市场上就出现了各种各样的挎包。年轻人认为攀岩、登山、蹦极、探险等这些充满刺激的消费很时尚，于是这种专门的旅游项目诞生了。商家就是“跟屁虫”，将消费者的理想变成现实，消费者得到了对时尚的满足，商家鼓起了腰包。

趣味营销故事

返璞归真始于足下

某高校门口有一个鞋垫专卖店，经营店面的是一位被人们称为小高的女孩，这个女孩经营的鞋垫五花八门，不但鞋垫的面料有很多种，而且鞋垫上绣出的图案让人着迷。飞禽走兽、瓜果蔬菜、树木花朵等应有尽有，人们可以根据自己的偏好选择一款适合自己的。人们都喜欢到这里购买鞋垫，说这里的鞋垫不但好看而且耐用，虽然这里的鞋垫价格稍微高了一些，但从这里购买一双鞋垫就能够顶好几双普通鞋垫，很多人都说，自己买了鞋垫根本就不是用来穿的，而是用来收藏的。到这个专卖店中走一遭就会被各种鞋垫倾倒，人们不禁为店铺老板的精巧手艺所震撼。实际上店铺老板也有一段不为人知的辛酸史。小高的母亲很有剪纸天赋，从很小的时候，小高就开始学习母亲的这门技术。高中毕业后就开始在社会上闯荡，由于家庭条件较差，不能给小高提供较多的资金，于是小高开始做售卖鞋垫的生意，但是由于小高的鞋垫与其他人没有什么差别，所以鞋垫生意并不是很好，每天的经营成果只能买一些油盐酱醋。一件偶然发生的事情改变了小高的窘境。这天小高在收拾鞋垫的时候，母亲的剪纸在鞋垫上铺了一大片，鲜红的剪纸衬在洁白的鞋垫上，鞋垫也好看了许多，这让小高迸发出制作各种图案鞋垫的灵感。

最初小高将莲花绣在鞋垫上，两只鞋垫上的莲花呈对称状。小高首先做了两双鞋垫作为样品放在摊位上，没想到还没有摆出一会儿就销售出去了。随后小高又做了一百双这样的鞋垫，销售状况非常好，两天之内销售一空。在销售中，小高有时候会遇到消费者打听有没有其他样式的，小高对于这个问题感到非常窘迫，因为当时小高这里只有一个品种的鞋垫。满足消费者的需求就能够给自己带来无穷的财富，小高开始琢磨丰富鞋垫花样的办法。为了丰富鞋垫的花样，小高开始上网浏览信息，从网上下载了很多鸟兽花卉等的图片，小高开始仿照着这些图片在鞋垫上绣图案，两只鞋垫上的图案呈对称形状。鞋垫上的图案有了变化，鞋垫的卖点就更多了，小高的鞋垫逐渐在附近居民中间走红。因为小高的鞋垫不仅时尚而且耐穿，人们都喜欢到小高这里购买鞋垫。小高的收益也开始转好。小高于是意识到，鞋垫虽然是小买卖，但是只要经营量大，就能够获得高收益。小高于是打算将这项生意长期做下去，在工商部门注册了“时尚鞋垫”这个商标，小高的店面的匾额上就有一个巨大的鞋垫图案。

鞋垫虽然被人们踩在脚下，即使上面绣出再好的风光也没有机会见天日。但生活条件变好的人们对足下的风光越来越在意。虽然别人看不见自己踩着的鞋垫是什么样子的，但是用鞋垫的人追求的是心中的那份感觉。小高将美丽的风景绣在了鞋垫上，在改变了鞋垫的“容颜”的同时，也为鞋垫打开了销路。小高通过自己的智慧，让自己的鞋垫与市场上普通的鞋垫区别开来。小高在从鞋垫中尝到甜头之后，开始逐渐有了自己的店面，鞋垫由地摊上的产品变为了店面内货架上的产品，鞋垫的品位自然就有了差别。小高最初的时候是在用单个的富有特色的鞋垫打动消费者，后来是用品牌锁定消费者。因为小高明白，在激烈竞争的市场中，品牌是让自己与其他同类产品相区别的直接依据。小高通过不断塑造鞋垫的形象，让鞋垫在人们心中的形象更加高大。小高将鞋垫定位在“时尚鞋垫”的层面上也是非常到位的。因为小高将自己的店面摆在了高校附近。让年轻人喜欢上自己的店面，就能够打开鞋垫的市场。高校的学生就是小高将生意做大的“大树”，只有背靠这棵“大树”，自己的生意才能够发达。

专注顾客的绿色情结

时下人们最关心的问题之一就是食品安全，人们非常害怕在饭店中吃了不安全的食品而“引火烧身”。所以到饭店里吃饭的时候，一般都是要左挑右选的，这为一直经营饭店生意的小张提供了绝佳的发财时机，因为小张的饭店中所采用的食材全部是自己经营的牧场和菜园中生产出来的。小张的饭店坐落在十字路口，来往的客商非常多，好多人是专门从城市到小张的饭店中“享受”的。小张为了扩大饭店的知名度，专门印制了小册子，上面不但有关于饭店中每道菜的详细介绍，还有对饭店周围景物的简要介绍，尤其是对消费者餐桌上饭菜产地方面的介绍更是细致入微，消费者没有见到过这样的菜单。一般都会在吃饭后到小张经营的牧场以及农田观看，小张就会借助这个有利时机向消费者介绍自己的养鸡场、养猪场、养鸭场、鱼塘以及各种时令蔬菜园。小张还让消费者详细观看饲养家禽家畜的过程，让消费者亲自看看喂养家禽家畜的饲料。这些饲料全部是由野外的饲草以及粮食等经过精心配制而成，其中不会有任何添加剂。消费者在饭店中喝到的豆浆、牛奶，吃到的鸡蛋、肉类以及蔬菜等都是在这样的环境下生产出来的。消费者在这里吃到的东西都是地道的原生态食品。人们可以在菜园中亲手触摸正在成长的黄瓜、番茄、豆角、茄子等各种农产品。小张为了吸引顾客，不仅在菜园中种植了不计其数的专门供食用的蔬菜，而且还有很多农作物是观赏和食用两个作用兼备的。很多人在田间地头忍不住尝一尝这些原生态的食品，不但如此，还非常有兴致地与各种瓜果照相留念。小张的菜园已经不单纯是饭店的食材产地了，也是消费者的一个采摘园和观光园了。小张的饭店越来越有名气，越来越多的消费者慕名而来，甚至一些婚庆公司也到这里来取景，年轻的伉俪要将小张菜园中的美景通过相机留下来，伴随自己一生的美好时光。

小张的生意越来越火爆，这主要得益于其在宣传中打出了绿色品牌，而这一点正好与消费者的需求相吻合。在食品问题层出不穷的情况下，小张率先将产品的着眼点放在绿色招牌方面，并引导了消费潮流。小张在成功营销核心产品的同时，在产品的周边服务方面也做得非常到位，将消费者从餐桌旁拉到了田野中，让消费者看到自己种菜、养鸭的全过程。让消费者亲眼看到自己的食品是没有任何添加剂的。既然白己的产品优势是绿色纯天然，而这又是能够打动消费者的最重要的方面，那么就要大力宣扬这个方面。小张告诉消费者，自己的蔬菜都是通过施有机肥促进生长的，并且在蔬菜上从来不喷洒任何农药。在菜园中游览的消费者，随手就可以摘下一个番茄或者黄瓜吃，人们在食用这样的蔬菜的时候无须有任何顾忌（不是担心被小张发现，而是不需担心有农药）。消费者在小张的菜园中观光的同时，还可以将“田园的美”装入自己的肚子中，这是非常惬意的。人们在这样的过程中将田园的美、蔬菜的美与健康的美很好地融合在了一起。只有几个方面的目标一致的时候才能形成这个完美的统一。小张的目标就是要让消费者在这里放心消费、满意消费，人们在这里吃饭，不需要有任何担心。

消费者在这里消费只是感受到一时的快乐，要将这种感受变得更加长久，就需要有更加方便的通道走进小张的“绿色餐厅”。小张于是在消费者中间创造出了进一步的需求。这种“勾引消费者馋虫”的营销方式让小张很自然地将餐厅由乡下扩展到了市内。小张为了满足更多消费者的需求，开始紧锣密鼓地拓展自己的连锁店，在城市的繁华地段短时间内就开办了几家餐厅，餐厅外观设计完全仿效总店的样子。让老顾客一下子就能够将小张的“绿色餐厅”从众多的其他餐馆中分辨出来。城市分店周围的环境虽然没有农村的田园风光，但小张通过巨幅照片将农村中自己的田园景象绘制在城市中分店的墙壁上。将各种农畜产品的生产过程用恰当的方式呈现在消费者面前，并且在分店的门口专门停放三辆大巴车，让有愿望到自己总店消费的顾客能够免费前往。由于很多没有到过小张菜园子的消费者都感觉有些好奇，于是很多消费者都选择了这个免费旅游项目，小张的“如意算盘”让消费者“中计”了。

虽然这些消费者是乘坐免费车来的，但天下是没有免费的午餐的。消费者到“菜园子”之后，一般都会问这问那，在菜园子中说着、笑着、看着、吃着，消费者对这些并不尽兴，所有消费者都有购买的愿望，认为只有将这些理想中的产品买回家中，才是真正意义上的消费。在小张的菜园子中消费者自行采摘蔬菜的局面异常火爆。小张在此基础上又推出了免费住店的新招。虽然小张的总店与市区离得并不算远，但消费者住下来之后就可以玩得更加尽兴。在夏秋季节里，小张为消费者准备了很多简易的小凳子，夜幕降临的时候，人们可以坐在菜园中说话聊天。在这样的环境中，人们回想着儿时的惬意，听着菜田中的虫鸣，真正找到了“采菊东篱下，悠然见南山”的感觉。在紧张的生活之余，能够找到这样一块闲静之所，是可遇而不可求的。小张提供的服务让消费者从脸上笑到了心里。人们由此从内心深处爱上了小张的“菜园子”。小张的绿色消费理念已经从餐厅内扩展到了餐厅外。

在旧情中体会温情

在奔向现代文明的过程中，人们越来越倾向于传统和古老，越是传统或者古老的东西越能够激发人们的消费欲望，人们认为这样的产品是经典的，带有足够浓重的文化底蕴。“老土布”就是诸多类似产品中的一个。提起“老土布”这样一个名字，顿时就能将消费者的思路带回到妈妈纺线织布的情景中去。在那样一个生产不发达的年代，为了让儿女们身上有一件新衣服，妈妈需要从棉花开始，经过纺线、织布、做衣等很多道工序。妈妈不辞劳苦地将衣服做好穿在儿女的身上，这实际上是妈妈用自己的心温暖了儿女。所以经过这种烦琐的工序做成的衣服，已经不再简单的是一件衣服了，这是妈妈对自己的爱，粗陋的土布衣服中渗透出来的是母亲对自己浓浓的爱。在社会经济发展中，科技越发展，这种浓情的土布衣服距离人们就越遥远。人们现在的穿着日益趋向于“薄露透”，浓情的土布衣服逐渐被人们遗忘了。但是老土布由于其独特的外观，而且其间还浓缩了母亲的爱，所以越来越受到人们的青睐。牛先生就是通过老土布发家的人。牛先生发现很多人越来越钟情于老土布。经过调查发现，老土布相对于“现代布”而言，透气性好，不会导致皮肤过敏。由于老土布在生产过程中不添加任何其他成分，所以人们消费起来会更加安全，这非常符合现代人消费的健康理念。牛先生对这个调查结果如获至宝，在走街串巷的过程中，开始了自己售卖“老土布”的时代。

牛先生在做大“老土布”这个生意的过程中就在“土”上下工夫，将“土”这个含义与“浓情”联系起来。让土布面料带上现代氛围。老土布在古老中不失新潮。古朴的面料印上流行图案，不但让年轻人钟情，而且受到了很多中老年人的热捧。老土布产品并不拘泥于服装，诸如床上用品、桌布、围裙、座椅靠垫、地毯、墙饰、挂饰等不一而足。老土布从材质上看是纯棉织就，织物中不含任何化学产品，穿在身上柔软舒适、冬暖夏凉，更重要的是不仅透气吸汗，而且不起静电，与肌肤亲和力极强，完全避免了其他材质的服装穿在身上由于产生静电而生产全身刺痒的问题，符合现代人保健养生的消费标准。老土布与机制的其他布料不同，由于是纯手工制作，所以布料的线条较粗，这样的衣服穿在身上纹理更深、表面更加平整，具有不起皱、不卷边的特点，人们将其贴身穿着，随着身体姿势不断变化，就会感觉到全身有无数个按摩点给自己做按摩，有点痒痒的感觉，感到全身无比舒服。这种布料是在传承中国古老的织布文化基础上发展而来的，所以穿在身上不仅感觉到美，而且还能够体现出文化的厚重。这正是年轻人所追求的。

牛先生在向消费者展示产品的过程中，还特别强化“老土布”的手工特点。这是距离现代化相对比较悠远的一个产品，这样的产品伴随在人们身边，在旁人眼中顿时就能够体会到现代与古老之间的不同。老土布就是手织布，纯手工制作，人们在这样的面料中找不到任何现代工业的成分，让人们的穿着回归自然，老土布在纺织的过程中，将各种基本色线进行变换，织成各种绚丽的图案，这样的图案是通过印染技术所不能实现的。图案的立体感是单纯的平面编织技术所无法实现的。老土布这种手工作品可以做到不重样，每一件产品都是天下唯一的，个性时尚和田园主题的图案，可以让消费者在紧张的忙碌之余感受到片刻“清凉”。老土布中的每一根线条都能够体现出匠人用心精到。牛先生在不断宣传强化老土布“纯天然”方面的因素外，还特别强调其中蕴藏着的乡土气息和母亲情怀，让消费者在消费产品的过程中能够感受到家的温馨。牛先生非常懂得营销诀窍。让消费者消费这种产品感受到自己是在传统文化中徜徉，人们在消费中不是被土气所笼罩，而是在他人眼中呈现出一种高雅。老土布的特点成为了优点，这也正是老土布的卖点。

为了使自己的产品能够有更多的消费者，牛先生开始通过走街串巷和建立门店两种方式向消费者展开攻势。让销售员专门到消费者中间宣讲这种布品的特点。让消费者能够从土气的外表联想到其精致的内在品质。首先从外在方面让消费者对该产品有视觉感受，然后通过试穿、试用等方式，让消费者从内心深处感受到这种产品的好处。让消费者在近距离接触该产品的过程中，逐渐打消“以貌取人”的思想观念。开始的时候定价并不是很高，主要是让消费者充分认识这种产品。牛先生通过这些人为自己的产品做了广告。这种“另类”的服装是最能吸引消费者的眼球的，这些人穿着古朴典雅的服装，在街上晃来晃去的。面料的质感是同类产品无法比拟的。这种服装穿在人们身上，人们会感到无比的惬意，那种潇洒自如的感觉，是穿着其他的衣服所无法体验到的。所以在宣传中，人们就将“老土布”定义为人们的“贴身小保姆”。老土布穿在身上，让人们感受到了浓厚的寻根气息，怀旧记忆和复古文化，让人们在现代社会中找到儿时的记忆。建立在这种文化基础上的纯天然“绿色”材质是吸引消费者的第一绝招。

成语与营销

引经据典
——张扬权威

《后汉书·卷六十二·荀爽传》中有这样的叙述：“爽皆引据大义，正之经典。”意思是，（荀）爽都是引用经典著作中的语句作为论证的依据。引经据典可以让所要阐明的事实有更加深刻的说服力。经典著作中的论述都是经过长时间的验证后证明是正确的，这样的论证让人们会感到无可辩驳，人们只能接受观点而不能有任何怀疑。现代企业在对产品进行营销的过程中，很多时候会采用这种方法。保健类产品一般希望通过在《本草纲目》或者其他药学著作中找到有关方面的论述，从而证明商家所言不虚。这样就可以在很短时间内拉近消费者与产品之间的距离，消费者对经典著作中的论述是非常认可的，从而对商家的说法也就会深信不疑，消费者于是就会欣然购买商家提供的产品。

经典著作中的提法以及专家的言论被人们奉为经典，商家借助专家之口或者借用经典著作中的论述，就可以尽量少费口舌并达到尽量好的营销效果。例如，《本草纲目》关于红枣有过如下论述：枣味甘、性温，能补中益气、养血生津，用于治疗“脾虚弱、食少便溏、气血亏虚”等疾病。所以大枣对于调理人的身体具有非常重要的作用，常食大枣可治疗身体虚弱、神经衰弱、脾胃不和、消化不良、劳伤咳嗽、贫血消瘦，养肝防癌功能尤为突出。这就是人们常说的“一日吃仨枣，红颜不显老”。既然大枣对人体健康这样好，所以做与大枣有关的生意时，就应该将李时珍的研究成果为消费者讲述一番。但凡上过学的人都会知道李时珍是何许人也，人们对于这样的医学先祖的话还是非常认可的。要想让消费者购买产品，就需要首先让消费者信服，只有信服才能心服而后达到口服的目的。

《本草纲目》认为山药有五大功用：益肾气，健脾胃，止泄痢，化痰涎，润皮。如果将山药煮粥或者用冰糖煨熟后服用，对身体差、肠炎、肾亏等慢性病均有疗效。山药看上去长相不是很好，但却是人们非常喜欢的食品，在菜市场上往往都少不了山药的身影。每天的早市上都会看到一些老年人大包小包地朝家里拎山药。老年人非常注重养生保健，不是由于老年人很聪明，而是因为老年人感觉到时间对于自己而言越来越少，所以就会更加珍惜时光。要利用退休下来的这段时光更好地益寿延年，所以老年人对麻山药一类的养生食品非常在意。实际上养生应该从年轻的时候就做起，在年老的时候才开始注意这个问题，实际上已经有些晚了，养生保健是一辈子的事情。年轻人跟在老年人的后面效仿一些养生的办法是明智的选择。早市上多观察一下老年人都买些什么，让自己作出与老年人一样或者类似的购买选择，此间无形中自己也就会变得聪明起来。

引经据典对产品进行论证，就会让产品具有较强的说服力。智慧的商家不会放过这个能够提升品牌竞争力的关键环节。但凡能够与经典挂上钩的，就一定要将这些“经典”巧妙地嵌入到产品的“解说词”中，产品的信服力马上就提升了，商家也免去了绕费口舌的痛苦。商家在引经据典的过程中一定要恰到好处，否则就会让人们感到不可信，让消费者感觉到商家是在编造“莫须有”的谎言让消费者上钩，商家是在投消费者之所好。虽然绝大多数消费者并不是内行，但只要有少数内行对产品有较深入地了解，就能够使不恰当的宣传穿帮。如果宣传中达到了与预期目标相反的结果，商家就真正是出师不利了。引经据典一定要从科学的角度出发，为产品的功用披上华丽的外衣。在典籍中没有相关论述的情况下，不能牵强附会、生拉硬拽。一些常识性的东西就更不必引经据典了。引经据典一定要做到让消费者眼前一亮、增长见识，让消费者有拨开云雾见青天的感觉。只有这样才能够让消费者确实感觉到商家是在为消费者做工作，谋求利润只是一个副产品而已。

创业与营销

皮鞋美容

皮鞋美容实际上就是擦皮鞋，不要小看这个行当，每年也可以赚到上千万元。老张在皮鞋美容方面作出了一番大事业，在人们看起来非常普通的职业中获得了大收成。很多行业虽然都在有人做，但并没有做好。不善于琢磨是很多人没有将事业做大的根本原因。老张出身于本分的农民家庭，摆地摊、开书店、卖杂货等很多行当都做过，为了发财也曾经做过食品代理生意，但由于各种原因不但使自己没有赚到钱反而背上了巨债。为了生存只好做投资最少的擦皮鞋工作。但是就是这样一个走投无路的选择使其走上了致富的道路。在擦皮鞋的过程中老张终于琢磨出一套皮鞋美容的独特方法并发明了一套皮鞋美容设备，很多在老张那里擦过皮鞋的人都对老张大为称道。老张在苦心经营下，终于有了自己的皮鞋美容店，在全国很多城市开办了自己的皮鞋美容连锁店。老张提出了“皮鞋翻新美容”的概念，采取连锁经营免收加盟费的方式扩大了品牌的知名度，让皮鞋美容成为了一个非常有面子的工作。“皮鞋美容”的成功是值得深思的。

老张选择了一个别人看不上的行当，凭借自己的聪明才智，居然将这个事情做火了，对这个传统行业进行了创新，消费者在这里可以体会到完全不同的消费感觉。老张的生意经体现在多个方面。

第一，选冷门行业做生意。在市场经济的大潮中很多体面的行业都面临激烈的竞争，并且这些行业的进入门槛也越来越高，资本少、底子薄的新加入者要想在市场中立稳脚跟是非常困难的。擦皮鞋这样一个行当很少有人能够看重，况且擦皮鞋在很多人眼中也并不是一个非常体面的工作。所以行当的进入门槛很低并且不会面临激烈的市场竞争。别人不想做的事情就是市场的空缺。擦皮鞋虽然工作不体面但利润比较高。老张在工作中通过精心琢磨发明了一种以机械代替手工的擦皮鞋方法，在擦皮鞋的时候不但能够节省更多体力，而且让擦皮鞋有了一定的科技含量，这使得擦皮鞋走上了更加专业化的轨道。在老张的脑海中，擦皮鞋应该叫做“皮鞋美容”，这种提法使得老张的事业走上了更高的平台。

第二，为消费者提好建议。很多消费者只知道穿皮鞋而并不知道保养皮鞋。在人们的消费水平逐渐提高后，花费上千元买的皮鞋没有穿多长时间就扔掉了，不但造成资源浪费而且是让人比较痛心的事情。从为消费者考虑的角度出发，老张首次提出了“皮鞋美容”的概念，老张的工作内容就是洗鞋、修鞋、美鞋等，根据皮鞋的不同质地、不同款式、不同价值，老张主动为消费者提出建议性的美容方案。让消费者感觉到老张的皮鞋美容是全心全意为消费者服务的。老张注意到皮鞋穿着中经常会出现掉色现象，于是研制发明了为皮鞋补色的产品和技术。在消费者到店中来擦皮鞋的时候，老张都会精心为消费者介绍有关皮鞋美容的知识，消费者一般都会非常乐意接受皮鞋补色美容。经过老张美容后的皮鞋，其光鲜的样子与新购买的皮鞋没有什么两样。老张的周到服务，让很多要体面但又不舍得扔掉、花了大价钱购买而没有穿着多长时间的皮鞋，有了获得新生的机会。消费者只需要花一些不多的美容费，就可以使得一双高价皮鞋延长寿命，于是很多高收入人群都到老张的店中进行皮鞋美容。

第三，推出多种健足用品。老张并非将自己的生意简单地停留在皮鞋美容层面，将皮鞋美容与健足结合在一起，也是老张的创新性经营思路。在进行皮鞋美容这个核心业务的同时，老张还推出了多种健足用品，包括除臭鞋垫、棉袜、真皮护理霜、真皮清洁液、补色剂、皮鞋定型器等，此外还有擦鞋器具、皮鞋清洁器具、皮鞋的耐磨鞋掌等用品，老张的这些创造使消费者对擦皮鞋这个行当有了全新的理解。所有到店里进行皮鞋美容的消费者都会打听关于相关健足用品的事宜。这些消费者起初可能是漫不经心地随意打听一下，但最终都会变得非常留心，由对自己的脚毫不在意变为非常关注，经常光顾皮鞋美容店可能不是为了皮鞋美容而是为了购买健足用品，健足用品的丰富化也为小小的皮鞋美容店带来了丰厚收入。

第四，连锁经营创建品牌。产品不但要有一流的品质还要有好的名声，老张为发展自己的事业不惜血本通过电视、杂志、报纸以及户外大众媒体等多种手段做广告。并且特别邀请明星做“皮鞋美容”的品牌形象代言，提升“皮鞋美容”产品形象和消费层次，这使得老张的事业如虎添翼。老张的目标就是要创造这样一个品牌效应，品牌是产品发展的平台，有了这个平台产品发展的道路才会更加顺畅。在激烈的市场竞争背景下，消费者往往喜欢消费大品牌。在“皮鞋美容”产品有了威望后，消费者于是就会认为这是一个大品牌，消费者在大品牌的心理倾向引导下，老张的产品自然就会具有更快的成长速度。名人对产品做广告并且产品在央视亮相使得消费者感觉到眼前一亮：擦皮鞋居然也做广告了。这无疑会提高消费者对该消费品的关注程度，品牌效应对老张的事业有了更大的拉动。

第五，认真分析市场趋势。老张在做擦皮鞋生意之初，实际上并没有考虑到日后会将这个工作发展成为自己一生的事业。后来老张逐渐意识到，随着人们生活水平的提高，以皮革为材质的鞋子占了鞋子市场的绝大部分，而且人们生活水平越高，购买皮鞋的质量越高，人们是不愿意将价钱这么高的皮鞋扔掉的，这就为皮鞋美容创造了很好的市场。老张在市场调查中发现，到店中做皮鞋美容的消费者的需求层次是不一样的，到店中来的消费者一般都是对自己的皮鞋宠爱有加的。这些消费者的收入水平大多在中等偏上，对皮鞋的要求较高，所以很在意经常护理，很少有人只为擦一下皮鞋而到店中来。老张考虑到这些情况后对不同消费者实行了不同的服务方式。对于一般的消费者仍然采取正常方式服务。对于经常到店中光顾的消费者才会推出会员制度。消费者享受这样的服务可以更好地体会价格上的优惠。

致富经 独辟蹊径做热冷门

皮鞋美容说到底就是擦皮鞋。擦皮鞋一直被人们认为是低档次行业，一些没有技术的人为了勉强糊口而在街边摆上一个小摊，很少有人在擦皮鞋上做文章，并且希望通过擦皮鞋达到发财致富的目的。将擦皮鞋升级为皮鞋美容不只是概念的变化，更重要的是在擦皮鞋的技术方面有了不同。老张将擦皮鞋与健足理念结合在一起，将擦皮鞋的理念由原先的只是皮鞋外表的美化转化为将皮鞋从内到外全面美化，而且还推出了各种专门用于皮鞋清洁的产品，将商家对皮鞋的保养与消费者对皮鞋的保养合二为一。在依托该项目使自己致富的过程中还拉动了其他许多与自己具有相似经历的人走进该产业，从而开始了皮鞋美容的连锁经营时代。从最普通的事情做起谋得事业的成功是在激烈的市场竞争过程中的一个新思路，在很多人忙着挣大钱的情况下，往往希望自己能够作出一番宏大的事业，往往忘记了从脚下非常普通平常的事情做起。擦皮鞋看上去虽然是很不起眼的职业，但正因如此就意味着很多人没有用经营的思路去进行认真考虑，“皮鞋美容”做到了这样一点，越是普通的产品就越有市场缝隙。当所有的市场缝隙都被商家想到时，消费者的生活便利程度就会大为改善。

第 10 课 定价艺术

引子

消费者要支付给商家一定的价格才能拿到心仪的产品，但是在向产品支付价格的时候，消费者会有一个比较，如果价格过高，消费者就会用同类产品对之进行替代，如果价格过低，虽然产品很容易卖出去，但商家会难以持续经营，所以商家需要认真琢磨定价问题，让价格不高也不低，让消费者能够接受也让商家能够赚到钱。商家为了让价格恰到好处，就需要在定价方面讲求艺术性。虽然商品的定价相对固定，但对不同的人在不同的地点和不同的时间实行差别定价也是可以考虑的。商家通过巧妙的定价艺术，让价格与产品同样对消费者构成吸引力。人们走进超市，经常会看到诸如 19.9 元或者 29.9 元之类的定价，这样的定价与 20 元和 30 元之间仅仅相差一角钱，但是给消费者的感觉是不一样的，虽然在数量上只是 1 角钱之差，但是在人们心理上实际形成的是 10 元钱的感觉。商家就是要强化定价中的心理效应，让人们感觉到产品很便宜，但实际上这只是一个心理陷阱而已，人们只是在心理上感觉到便宜，而实际上并没有便宜多少。买的不如卖的精，商家不能做赔本的买卖，虽然嘴上在喊“含泪大甩卖”、“吐血大甩卖”、“跳楼大甩卖”，但这些往往都是商家的销售技巧。产品的价格确实比往常低了不少，但人们并没有看见商家“吐血”或者“跳楼”，多少天过去了，人们依旧看见商家在那里用同样的口吻、同样的方式叫嚷着。

定价说到底就是商家与消费者之间的博弈，最初人们在看见“大减价”这样的招牌的时候还有怦然心动的感觉，消费者随着经验不断丰富，心态也逐渐平和了许多，商家只有在价格策略上出更新更含蓄的妙招，才能够让消费者上钩。既然价格是消费者最敏感的事情，商家就要在这个问题上多花费一些心思。在产品价格上商家既要让人们看到自己的实诚，也要让自己赚到足够的财富。同样的产品以同样的价格摆在柜台上，也许不会引起消费者的注意，但是如果将这些同样的商品分为两个货区，分别以原价出售和打折出售，消费者就会产生购买的愿望，因为消费者能以较低的价格购买到同样的产品，消费者会感觉到占了便宜。商家通过这种方式，在平静的“湖面”上人为地创造出波纹，让人们看到了“湖泊”具有不一样的美。也并不是价格越低就越能够引起消费者的钟情，越来越理性的消费者对商品的了解越来越多。为了在消费中不至于上当受骗，消费者开始从专家的视角审视产品，市场上鱼龙混杂的产品让消费者的心眼越来越多了。所以很多商家在售卖自己的产品的时候，会坚持不降价。以蜂蜜这种产品为例，如果买一罐蜂蜜只需要几元钱，鬼才知道这种蜂蜜是怎样生产出来的。越来越多的消费者开始明白“贪小便宜吃大亏”的道理。消费者在某些时候也并不是刻意省钱，得到货真价实的产品才是硬道理，只要产品实实在在，多花几个钱也没有什么不得了。消费者会理解商家在价格层面的坚持，也不会吝惜口袋里的钞票。

趣味营销故事

|巧用口误|

商家故意产生口误也会让消费者引起对产品的注意，从而达到销售产品的目的。一个鞋店的老板就通过这样的计谋将鞋子卖了出去。鞋店老板看到有一个顾客停留在柜台面前良久，看上去有购买鞋子的诚意，于是上前搭讪说："我看您在这里已经看了很长时间，我知道您有购鞋的诚意，这双鞋很适合您，这款鞋子卖得非常好，您不妨试一试。"看到顾客还有迟疑，老板又继续说："这双鞋子标价 200 元，我给您实行优惠的价格，150 元就卖给您，这个价格从前是绝对没有过的。"老板看到顾客并不表态，随口说上两句话，表现出心不在焉的样子："我看您今天可能带的钱不够，干脆就按 120 元的价钱卖给您，今天我刚刚开张，图个吉利。"老板看到消费者还是没有明确表态，就会将事先安排好的话用上：好了，不要再犹豫了，这双鞋再适合您不过了，我就以 150 元卖给您吧，不要再考虑了。这时候，消费者一般都会说："你刚才不是说 120 元卖给我吗，怎么又涨到了 150 元呢？你不会是说话口误吧！"这时候老板就会说："我刚才这样说过吗？120 元？这样的价格我绝对要亏本了，既然我刚才说过这样的话，我就一定要讲诚信，那就按照 120 元的价格卖给您吧！我今天由于说话不小心而导致做亏本买卖了，这样的价钱你到市面上打听，肯定没有第二家了。"消费者在听鞋店老板说了这样的话后，一般都不会再犹豫，欣然拿出 120 元钱将鞋子买走。在这场交易中，老板通过巧妙的口误给消费者以误导，让消费者非常乐意地走进自己精心设计的埋伏圈中。老板将鞋子卖掉了，消费者也感觉得到了大便宜。老板在鞋子的价格设计层面用心良苦，实际上老板知道，即使已经将价钱降到了120元，还是能够得到丰厚的利润的。

鞋店老板具有很好的观察力，首先认准了顾客具有购鞋的愿望，但是在鞋子的标价面前犹豫。这时候商家如果主动降价，就能够达到销售产品的目的。鞋店老板固然不会在关键的问题上出现口误，用这种貌似口误的方式，激发了消费者的购鞋动机。消费者一直都没有发表对鞋子的态度，虽然对鞋子有感觉，但是如果价位不合适，消费者就会走掉。鞋店老板一次次将价钱降低，一直降低到消费者可以承受的范围内。老板用故意“口误”的方法最终打开了消费者的话匣子。虽然故事中老板的这种做法算不上怎样高明，但确实能够让消费者的购买欲望得到了激发。老板在“口误”中将鞋子的价格说得足够低，这种低价格让消费者感到了兴趣。善于利用“口误”启动消费者的购买欲望，这是商家的智慧，在采用这种表演技法的时候，不能让消费者看出任何破绽。商家越是表现得真实，就越能够吸引消费者。通过巧妙的口误可以在商家与消费者之间建立起沟通的机会。“口误”并不是错误，从本意上讲，这是说话者在有口无心状态下的发言，并不是对说话者真实意愿的表达。但是鞋店老板的“口误”并不是有口无心，应该说是“有口有心”才对。表面上的“口误”实际上是老板真实意思的表达，商家就是要通过巧妙地设计为消费者制造出一个价格陷阱，商家步步为营，用诱敌深入的方式让消费者中招。只有经过长期锻炼，才能够将这种口误表演得出神入化。在商家“口误”之后，一定要造成消费者穷追不舍的效果，否则口误就没有意义了。在消费者穷追不舍的时候，商家一定要表现得很后悔，让消费者感觉到商家确实是在做赔本买卖，消费者购买商品的信心于是会进一步得到强化，商家的买卖于是就能够板上钉钉了。

分层设价卖剪刀

古时候有个叫张生的人在农闲时节做卖剪刀的生意，一年下来也算有所收获。但是自己在集市上卖剪刀的时候，总感觉自己的生意并不像预期的那样好，这让张生很纳闷。因为自己的剪刀品质是非常好的，买过自己剪刀的人都说剪刀非常不错。也有回头客光顾，但是剪刀的销售量还是上不去。这天张生正在一如既往地做生意，并不抱卖太多剪刀的希望。有一个白胡子老头走到张生的面前，看上去像是一位有学问的人，来到张生的摊位面前，与张生开始攀谈起来。老先生对张生的剪刀表示赞许，认为张生的剪刀确实质量不错。但张生在言谈之间透露出无奈。老先生经过打听才知道，张生的剪刀销售量并不是很好。老先生打听张生是怎样卖剪刀的，张生说没有什么特别的，将自己的剪刀摆出来，标上价格就开始卖了。老先生觉得张生在卖剪刀的方法上存在问题，认为张生不应该这样标价。一定要给剪刀标出不同的价格，只有这样才会让买者感觉到剪刀不一样。张生感到很不理解，本来是一样的剪刀，为什么偏要标出不一样的价格呢？老先生对张生的怀疑并不在意，继续告诉张生一定要将剪刀区分为上等、中等、下等三个层次，分别给予不同的标价，这样卖剪刀肯定会有不一样的收获。张生将信将疑，第二天再出摊的时候，就按照老先生的办法将本来一模一样的剪刀分为三个档次出售。让张生没有想到的是，正像老先生讲的那样，张生的剪刀卖得果然好了许多。张生对这位老先生非常感激，希望再次能够见到这位老先生，一定要当面对老先生表达感谢之情。

张生虽然已经卖剪刀卖了很长时间，但是由于没有认真琢磨卖剪刀中的乾坤，所以销售业绩一直不是很好。在老先生的点播下，自己的生意有了很大的改观。张生的剪刀虽然质量很好，但平淡无奇的销售方法没有引起消费者的注意。老先生的办法突破了常规，在产品的价格上做文章，让本来没有差别的产品硬是被区分出三六九等来，通过一定的价格差异让产品体现出不同。一样的剪刀在摊位上被区分为三个档次，让消费者具有了更多的选择权。消费者在购买的时候可以根据自己的消费愿望选择自己钟情的一款。一些消费者会愿意出高价购买高品质的剪刀，另外一部分消费者则愿意以较低的价格购买剪刀。在用同一个价钱出售剪刀的时候，如果张生对剪刀的定价相对较高，就将一部分愿意以低价格购买剪刀的消费者拒之门外。而另外一部分喜欢用高价购买高品质剪刀的消费者，也会因为这里的剪刀平淡无奇而不愿购买。统一定价无形中就让张生失去了这些消费者。在差别定价策略下，张生可以对上等剪刀定价稍高些，对下等剪刀定价要稍低于原先的定价，中等剪刀的定价保持原来的样子。虽然张生的“下等剪刀”由于定价较低失去了一部分利润，但是由于上等剪刀定价较高，会将这部分失去的利润挣回来。所以从总体上来看，张生在收益上不会有损失。由于在剪刀上出现了差别，顾客在购买剪刀的问题上有了更多的选择权，销售总量由于有大幅度增加，张生的总收益反而在上升。老先生的一个计策，让张生的生意有了很大的起色。张生的剪刀本来是高质量的产品，但是光有高质量还是不行的，营销也是一门艺术，在没有到位的价格策略的时候，张生的生意一直不景气，就很能说明这个问题。在定价问题上巧施妙招，就会让好产品找到“好婆家”。

让价格“动”起来

商家能够将生意做大，表面上看有很大的偶然性，但这中间体现着商家的智慧。商家只有不断为企业的发展创造机会，才能使自己的产品海阔天空。虽然有很多机会是可遇而不可求的，但更多的机会是商家主动创造出来的。商家必须学会机智地为消费者“挖陷阱”，让消费者非常情愿地向陷阱中跳下去。一家经营电子玩具的商店引进了两种型号不同但质量相似的电子游戏机，两种商品的标价相同。商家购进这款产品的初衷非常简单，认为现在的小孩非常热衷于玩游戏，只要摆在货架上就不愁卖。但商家的如意算盘落空了，很长一段时间内很少有人光顾。商家开始意识到事情的严重性，如果不使用一些花招，恐怕这批游戏机就会砸在自己手里了。老板为了打开市场，开始在商品的标价上做文章，小型号的标价高些而大型号的标价低些。商家的这招实际上就是在平静的湖面上制造涟漪。一些顾客看到了大型号的游戏机如此便宜就顺手买下，而一些收入水平较高的消费者看到小型号的游戏机反而价格高，感觉到一定是含金量高些，于是非常坦然地将游戏机买下。实际上无论是购买小型游戏机的消费者还是购买大型游戏机的消费者，都是抱着物超所值的心理进行消费的。没有改变价格前，两种游戏机都不好卖，改变价格后使得消费者在游戏机的价格判断上产生了失误，以致都在“占小便宜”的心理驱使下，按照自己的喜好购买了不同型号的游戏机，而这正是商家所需要达到的目的。

无风不起浪，只有商家能够制造出“风”，“湖面”上才会出现波浪。平静的湖面是一种美丽，有波浪的湖面也是一种美丽。但不同的消费者对两种美丽的欣赏角度是不一样的，市场上静止的东西往往不太会引起人们的注意。为此商家的责任就在于让这个“平静的湖面”动起来。故事中的商家将两款价格本来一样的游戏机制造出价格差异，让人们看到价格有高有低。从而让静止的价格“动”了起来。商家为两款游戏机制定新的价格，实际上就是打破消费者在两款游戏机上的价格定势，从而在消费者心中建立起新的消费平衡。买的没有卖的精，商家为消费者挖好了陷阱，让消费者向下跳，在消费者不知情的情况下，消费者就会毅然决然地跳下去。消费者在内心里并不是要为商家做慈善工作，而是要从商品中找到自己的心理满足。每个消费者都不希望花冤枉钱，用既定的花费达到最大的效用是一般消费者都希望达到的目标。商家只要在这方面能够为消费者做些什么，就能够让消费者买自己的账。商家于是在施用小花招的过程中与消费者达到了共赢。商家在主动创造机会的过程中，要体现出为消费者衷心服务的诚心。商家要缜密地推出自己的招数，不能让消费者识别出任何破绽。与每年夏季到来的时候家电市场上硝烟弥漫的价格战相比较，故事中的游戏机老板只是做了一些小文章。但是“魔鬼就在细节处”，商家的“魔法”让消费者中招了。

商家只要愿意认真想办法，在求财之路上就一定能够做到妙笔生花。故事中的前提就是游戏机的质量绝对没有问题。如果这个基本前提不能很好地把握住，商家的善意谎言就会演变成真正的欺骗。商家在求财之路上的“生花妙笔”必须建立在诚信的基础上，离开这样一个商业信条，商家就会在消费者的“火眼金睛”中成为“短命鬼”。

成语与营销

价增一顾
——名人效应

这个成语出自《战国策·燕策二》，原文是：“伯乐乃还而视之，去而顾之，一旦马价十倍。”意思是：原本卖不出去的好马，被伯乐看中了之后，价钱就增加了十倍。这个成语也用来比喻：原本默默无闻的人，一旦遇到赏识他的人，此人就提高了身价。智慧的商家是绝对不会错过这个环节的，有了名人这个“伯乐”对产品进行光顾，产品就会身价倍增。名人的广告效应越来越完备地被商家开发了出来。随着广告事业不断发展，商家们都逐渐开始担心“酒香不怕巷子深”的好日子不复存在了，人们的脑海中更多地想到的是“酒香也怕巷子深”。好的产品不能再像封建社会的大家闺秀一样躲在深宅大院中，等着媒婆上门提亲，而是要主动走到街上去向人们展示自己，让更多的人认识自己、了解自己，只要知道自己的人多了，保不齐这中间就有希望与自己长相厮守的“如意郎君”呢！在激烈的市场竞争中，产品一定要想出合适的方式将自己“嫁出去”，不仅要“上对花轿”而且要“嫁对郎”。

同样的产品在不同的环境下成长就会有不一样的前景，就像很多人为了自己有一个好的未来要找一个“干爹”一样，产品为了让自己尽快出名也要为自己找一个“干爹”（“干妈”），借助这些“干爹”（“干妈”）之口让自己的身价倍增。名人或者有权威的人说的话具有较强的信服力，在人们的印象中明星大腕或者权威人物都是非常讲诚信的，既然代言了某个产品并且一再说这种产品如何如何好，那这种产品肯定没有问题。人们由于相信明星大腕和权威人物，于是也就会相信其代言的产品。名人的话于是为产品插上了翅膀，让产品飞得更高、飞得更远。很多老年人都能够随口说出一些耳熟能详的明星大腕，更何况是小年轻呢！明星的名气越大粉丝就会越多，这些粉丝会喜明星之所喜、忧明星之所忧、爱明星之所爱。明星的影响力越大，其商业价值自然就会越高。明星振臂一呼，就会应者云集。明星代言产品后就会有更多的人对该款产品痴迷，该产品自然就会从众多的同类产品中脱颖而出。

商家为了让自己的产品名声大噪，从而引起更多消费者的注意，除了要让明星或者权威人物助力产品外，还要通过引经据典论证产品历史之悠久，以此证明产品具有优秀的品质，尤其对于食品、药品，商家为了论证该种产品之好，一定要说，几百年甚至是上千年前的古人都在用这样的产品了，既然古人都很相信这种产品了，更何况是现代人（因为尊老崇古是中华文化的一部分）！商家这种宣传产品的方法实际上是在用历史对产品进行论证，用古人的经验进行证明，商家的这种做法往往会引起消费者的注意。对于药品而言，商家一定要搬出《皇帝内经》、《本草纲目》之类的经典书籍做论证，这些医学经典是人们从很小的时候就知道的。商家在产品的宣传材料中要详细地历数这些经典医学著作中的配方，并强调自己是如何通过千辛万苦将这些配方复原的。产品中不但凝聚了古代医学专家的智慧，而且还有商家的努力，这种货真价实的东西一定是消费者的福音。商家的初衷虽然是为了牟利，但在牟利之余也正在丰富着现代医学文明。

在一个故事中讲到有一个卖扇子的，扇子非常不好买，老太太唉声叹气的，因为这是老太太赖以谋生的营生。这时有一个人从旁边走了过来，看意思是想帮助老太太。“老大娘，我在扇子上给您写上几个字，这样扇子就会好卖许多”。老太太将信将疑，老太太还没有完全回过神来，这个人已经龙飞凤舞地在扇子上写上字后扬长而去了。据说这个故事就发生在唐伯虎身上，过往的行人看见扇子上有唐伯虎的字，纷纷过来购买。人们并不是为了要扇子，而是为了要扇子上的名人字迹。老太太不明白这些，但唐伯虎很知道。“价增一顾”让商家从巧妙的思路中找到了商机，在激烈的竞争中，商家要学会巧妙地规避危机，并抓住有利的机会为产品的发展创造条件，商家要学会为自己的产品找到“伯乐”，并通过“伯乐”之口将自己的产品推销给大家。消费者是产品得以存在和发展的“根”，为了让产品之树常青，商家就需要给这个“根”更多地注入营养，让“根”吸收到植株生长中需要的营养，商家不但要懂得如何让植株身强体壮，还要懂得如何引起人们的注意，这样的植株就会立足消费者这片“肥沃的土壤”，让自己“结出丰硕的果实”。

创业与营销

靠野鸡蛋发家

小黄以十二枚野鸡蛋起家，发展成为拥有四百万元资产的农民企业家，很多媒体都争相报道了其成功的事迹。小黄的公司总资产达到四百万元，小黄本人也被政府授予“优秀农民企业家”称号。小黄靠着十二枚山里人司空见惯的野鸡蛋发家并成立了珍禽开发公司。公司养殖的动物供不应求，其产品包括种鸡、商品鸡、商品蛙等各种产品。产品市场非常火爆，往往还未到出售期就有人上门找他签下了订单，产品不但能够在国内销售，而且已经销往国外，产品已经打进了包括日本、新加坡在内的国际市场。小黄的成功就在于能够准确把握市场前景并不断发展其产品，满足消费者多样化的需求。

第一，准确把握市场。小黄为父亲扫墓的时候无意中发现了十二枚野鸡蛋，但并没有给孩子们煮着吃掉。小黄这次与野鸡蛋偶遇，使其想起了在东莞打工时的经历，在东莞市场上一只死野鸡还要卖到四十元。野鸡是在原生态的条件下生长的，这是纯粹的绿色食品。城市人目前都非常崇尚食用原生态的食品，有了野鸡蛋就不愁野鸡。小黄马上想到这十二枚野鸡蛋也许就是自己致富的开始。小黄经过努力，将十二枚野鸡蛋孵出了八只小野鸡。

经过精心饲养，靠着这八只小野鸡在一年之内小黄就繁衍出三百只野鸡。小黄带着这样的野鸡到市场上出售，马上就被一些高收入人群看重了。很多人迫不及待地向小黄要了联系方式。野鸡市场这样火爆是小黄所没有料到的。小黄在商海中攫取了第一桶金后，马上就坚定了将生意做大的决心。有了创业资本的小黄在野鸡的繁育方面更急如鱼得水。

第二，紧跟市场需求。小黄饲养野鸡的名声传开了，订单络绎不绝。小黄的产品开始供不应求，为了满足消费者的需求，小黄开始建设养殖基地并不断扩大规模。在小黄的仔细琢磨下，成功地繁育出了“锦凤野鸡”这个新品种，该新品种不但不挑剔饲料而且生存能力强，外形美观且肉质细嫩。产品不仅可以作为餐馆的美食，而且还可以作为观赏用。由于该新品种较先前的野鸡更好，所以卖到了更高的市场价。市场的需求方向就是对小黄的命令，小黄在原来野山鸡的基础上不断开发新品种，让消费者根据食、用的目的自由选择。一些人将山鸡买回去是为了斗鸡用，小黄根据消费者的这种需求，不断优化品种，专门培养出了能打善斗的新品种，并且销售出几万元一只的天价鸡。小黄根据不同地区需求量的差别，特别在需求量较大的地区建设养殖场，更加方便地满足消费者的需求。

第三，利用社会资源。小黄在自己富裕起来后，并没有忘记让乡亲与自己一起富裕。让乡亲富裕的方法就是发动其与自己共同养殖野鸡。小黄承诺高价回收乡亲养殖的野鸡以保证乡亲有稳定的收益。小黄用这种方式在家乡迅速掀起了养殖野鸡的高潮。但是由于没有养殖经验，乡亲们害怕养殖野鸡有风险。小黄为了打消乡亲们的顾虑，承诺高价回收乡亲们养殖的野鸡，这下子让乡亲们吃了定心丸。小黄为乡亲们提供养殖技术和鸡苗，乡亲们只要付出辛苦，就一定能够见到收获。乡亲们由此走上富裕的道路，小黄也因此分散了养殖风险，而且还在很大程度上节省了养殖成本，充分利用社会资源进行野鸡养殖使得小黄的事业迅速发展。在强大的需求攻势下，小黄再也不感到有压力了。家家户户养山鸡的景象成为了山村的一道风景。

第四，不断进行创新。起初野鸡主要作为肉食供应市场。但是小黄开发出的锦凤野鸡不仅肉质好，而且外形非常美观，极具观赏价值。于是小黄开始拓展经营思路，将锦凤野鸡打入观赏鸡市场。小黄的生意在不断创新中求得突破，一次旅游的经历使得小黄又有了新的想法。小黄借助好的环境条件将自己的野鸡纳入旅游环节中去，从而将自己的特色野鸡作为旅游产品售卖，以特色野鸡为核心产品拉动旅游消费的发展。在政府的扶持下，小黄开通了专门到养殖场的旅游专线。在旅游的拉动下，小黄已经发展起了集餐饮、旅游、观赏、住宿于一体的珍禽乐园。小黄为山村打造出了一条绿色生态产业链。这样的产业链不会破坏山村的生态环境，而且生产出的产品也都是绿色产品。野鸡成为了山村的金凤凰。这只金凤凰飞出去的是名气，收获回来的是金银财宝。

致富经 抓住偶然变成必然

发财致富的过程中存在诸多偶然因素。十二枚野鸡蛋演变为四百万元的资产不能不说是一个传奇，这就是将偶然变成必然的经典案例。偶然实际上就是机会，机不可失，失不再来。经营者需要慧眼识才，能够辨识各种有利于自身发展的偶然因素，并且具备将这种偶然因素变成必然因素的能力。将野鸡蛋保护起来繁衍出更多的野鸡，进而有了更多的野鸡蛋和野鸡，这就是主人公发财致富的妙招。野鸡与普通鸡的重要区别就在于其口感独特。随着人们生活水平的提高，人们的口味越来越高，吃够了普通鸡肉的消费者更加倾向于愿意享受野鸡鸡肉，所以繁衍野鸡自然也是在迎合消费者的需求。小黄的创新型经营思路，关键不仅在于鸡肉的消费，还在于能够将鸡肉消费与旅游观赏等紧密结合在一起，这在无形中创造出了一条产业链，这条产业链越长就越能够有更多的机会将消费者腰包中的钱放到经营者的口袋中。经营者需要具备的创新性素质不是通过复制他人的经验得到的，而是要独辟蹊径地根据自己的情况发展出一条不一样的路，当然沿着这条路在使得生意纵深发展之前需要认真分析市场，不能打无准备之仗。

第 11 课　服务精神

引子

好的服务能够为消费者创造更好的心情。计划经济时期由于产品供不应求，消费者也没有办法对商家提出更多的要求。就像相声中提到的，消费者到商店中买牙膏，“同志，买盒牙膏!”售货员将两只脚搭在柜台上，很不情愿地搭话，“没有了”。消费者分明看见牙膏在货架上，但服务员硬是说没有了，服务员分明是服务态度有问题。在消费者用生硬的口气，指着货架上的牙膏与售货员理论后，售货员才漫不经心地将牙膏从货架上取下来，然后用力地甩在柜台上，意思是“给你”。售货员找零钱时也不是礼貌地将其递给消费者，而是将硬币散乱地扔在柜台上让消费者自己捡起来。当然相声中这样的服务员在现实中不容易找到，因为这种服务员的态度有些太过分，但是当时确实存在着这样的现象。时过境迁，“皇帝女儿不愁嫁”的时代已经成为了历史，产品丰富起来的同时，消费者与商家之间的关系也逐渐扭转了过来。“消费者是上帝”的观念逐渐成为了社会的共识。商家只有诚心对待这个“上帝”，才会得到“上帝”的垂青，商家是在“上帝”的“恩惠”下得以发展的。商家不仅要给消费者奉献质量上乘的实物产品，还要给消费者奉上诚挚的服务。如果说实物产品是“硬产品”，服务产品就是“软产品”，这两个方面消费者都很看重。高质量的“硬产品”让消费者感觉到实实在在，高品质的“软产品”让消费者感觉到顺心顺气。消费者要在商家提供的服务中收获一种感觉。

现在的消费者越来越挑剔，不但要消费到物超所值的实物产品，而且要有配套的服务，商家也非常在意这个层面。以售后服务为例，起初商家都认为这个环节是附赠产品，于是不太在意，但是现在的商家已经开始转变观念，将售后服务视为售卖产品中的一个必要环节，这个环节不是可有可无的，而是商家必须尽到的义务。商家为了让自己的产品在市场上成为常胜将军，不仅在产品的质量、功能、样式等方面推陈出新，而且在产品的服务方面也做得更加周到，产品在市场上拼的不仅是“硬功夫”，而且还是“软功夫”。商家在服务方面做得越好，就越能够彰显自己的竞争实力。商家的服务水平体现在一言一行中，营业员的音容笑貌在很大程度上就会影响到消费者的购物心情。消费者有的时候之所以在甲商店购物而不在乙商店购物，不是因为甲商店的东西较乙商店便宜，也不是甲商店的东西较乙商店更好，实际上两个商店的东西都是一样的，唯一不同的就是甲乙两个商店的售货方式不同，两个商店相比较起来，甲商店的服务更容易让消费者接受，这就是服务的力量。优质的服务是撩拨消费者购买欲望的重要媒介，服务质量好，商家就能够与消费者交心，消费者就会感觉到商家可信，在消费这样的产品时，消费者就没有很多顾虑。所以好的服务能够增添产品的魅力，让产品的信誉这个翅膀变得更加坚实有力，这样的产品自然在市场这片天空中就能够飞得更远更久。

趣味营销故事

煮熟的鸭子也会飞

吉拉德是一位非常著名的营销专家。很多人被吉拉德超群的营销艺术所折服，谈到营销没有人不知道吉拉德的。这样一位成功的营销专家在创业之初也曾经历过失败的煎熬，吉拉德的成功是建立在不断总结经验的基础上的。在一次售车中，吉拉德非常认真地与客户交谈，了解客户关心的每一个细节问题。吉拉德用非常专业的口吻为消费者介绍车的性能以及使用中应该注意的问题。顾客在对车进行了解的过程中，关注的往往不是某一款车型，需要从不同车型的对比中，确定自己最需要的一款。这些对于吉拉德而言都不是问题，因为吉拉德在长期从事销售的过程中，已经对很多车型的性能有非常详细的了解。在给消费者介绍的过程中如数家珍。吉拉德非常明白，将消费者口袋中的钱转移到自己的口袋中，是非常不容易的事情，为此对消费者非常耐心，不但能够恰到好处地回答消费者提出的任何一个问题，而且能够通过察言观色看消费者的表情变化，巧妙地顺着消费者的思路谈话，最终将汽车卖给消费者。但是在一次售车过程中，吉拉德并没有如愿以偿地将车卖出去。就在一切事情都谈妥之后，在购买合同的时候消费者犹豫了。最终这笔生意还是泡汤了。

事情过后，吉拉德百思不得其解，“煮熟的鸭子”居然飞走了，这样的问题产生的原因到底是什么呢？不弄清楚这个问题，吉拉德的心情很难平静下来。吉拉德最后还是决定要给这位消费者打个电话，详细问一问事情的原委。电话拨通之后，电话的那头传来了顾客的声音：“你真的想听一听我没有签单的原因吗？”

“嗯，我非常想，我弄清原因后，在以后的销售过程中我就会有提高，希望您相信我给您打电话是非常真诚地询问的。”吉拉德在电话的这端非常虔诚地说。“好吧，其实问题很简单，就是因为我在签单的时候，发现你对我正在说的话心不在焉，你可能不知道当时我正在说什么吧。我说我的儿子和女儿都考上了大学，读的是法律专业，我希望我的两个孩子将来都能成为出色的律师。在我说这些话的时候，我发现你的眼睛在张望别处，根本就没有注意我。我当时觉得，对我说的话都不注意的人，应该是对其售卖的产品是不负责任的。我认为你不会对卖出的车负责任，当然我最后决定还是不购买了。”吉拉德听了消费者的这番话之后，感到非常意外。买卖没有做成的原因居然是在签单的时候没有注意听消费者的谈话。吉拉德突然意识到，在签单的时候，自己光是对将要做成的买卖得意了，以致没有将自己的真诚服务坚持到底。吉拉德非常后悔，这让吉拉德在以后推销车子的过程中长了一份见识：一定要将自己对消费者的真诚坚持到最后，否则，煮熟的鸭子也会飞。

吉拉德的这次经历使其在随后的营销生涯中没有再犯相同的错误。消费者会非常在意商家的任何细微举动，所以商家应该非常注意自己在消费者面前的言谈举止。在交易就要做成的时候，商家往往会提前陶醉在喜悦中，而在此期间就不免会冷落消费者，让消费者感到有潜在的不安全因素。帮人帮到底，送人送到家。商家对自己服务消费者的任何行为都不能打半点折扣。消费者会通过商家的眼神、举止等读懂商家的心理。故事中的吉拉德在消费者签单的时候，没有在意消费者的谈话，消费者就会认为吉拉德将产品卖掉就会万事大吉，如果产品在使用过程中出了问题，消费者就会感觉到无依无靠。实际上吉拉德并没有这种想法，但签单的一刹那，吉拉德的表现确实让消费者犹豫了。虽然此前消费者好像在买与不买之间具有更大的主动权，但是消费者也是感到很气愤的，花费了大量的时间选择车子，最后却没有能够买到。商家失去这个消费者之后，就很难再得到这个消费者。吉拉德后来总结出一个“250 人定律”，认为一个人一生中有过亲密交往的人不会超过 250 个人。这就意味着在失掉一个消费者之后，将会失掉 250 个消费者。商家表面上是失掉了一个消费者，但实际上会失掉很多消费者。商家的损失是非常大的。诚心对待任何一位消费者是让商家不断扩展消费人群的基本功。

卖大米也是卖服务

张生幼年时家境贫寒，所以没有读过多少书。很早的时候就开始经营买卖，希望通过自己的苦心经营能够改变家庭状况。张生打算从人们日常生活中吃的米入手做买卖，这样的买卖本小，便于自己这种没有多少本金的人起步。但是当时在张生居住的这个地方已经有 30 多家米行，这些米行已经有较长的发展历史，深得消费者信任，并且由于处于闹市区，所以生意都很好。张生没有太多的本钱，只好在一个偏僻的角落租下了一个小店。新开张的小店很冷清，没有多少人到店里买米。但是张生并不气馁，只管做好自己应该做的事情。张生生活的那个年代，由于收割稻谷以及碾米的技术很落后，所以在米中时常会夹杂着一些秕谷和小石子等。混在米中的这些掺杂物，给家庭主妇在淘米的时候增添了不少麻烦。张生于是就从这些“小事”做起，将米中掺杂的秕谷和石子儿等非常细心地分拣出来。到张生这里买米的人都说张生的米质量好，淘米时没有那么多麻烦事。由于张生的米得到了消费者的认可，虽然自己开店很晚，而且店面很小且处于偏僻的角落，但生意却逐渐好了起来。很多人都拐好几个弯到张生这里买米。

张生为了方便消费者购米，特别聘用了一个小伙计给消费者送米。只要张生看到前来购米的消费者不方便携带米，就派小伙计将米送到消费者家里。张生为消费者送米，一般不单纯将米送到消费者门口就可以了，而是一定要帮着消费者将米倒入米缸中。张生将米倒入米缸之前，要看看米缸中是否有陈米。如果有陈米，就先将陈米倒出来，将米缸擦干净，然后再将新米倒入缸中，随后将先前倒出来的陈米覆盖在表层。张生这样做，就是为了不让陈米总是因垫底而腐坏。消费者看到张生做事这样周到细致，都赞不绝口。消费者都说连自己都没有想这么周到呢！张生在为消费者提供上门服务的同时，也将消费者家中的详细情况记录了下来。张生按照消费者家中的情况，大概能够估计出这户人家下次购米的大概时间。等到时间差不多的时候，张生就会将米送到消费者家里，不用消费者到店中来买米了。张生这些良苦用心终于得到了回报。消费群体越来越大，由于张生提供了周到的上门服务，虽然到店中购米的人并不多，但是张生的米每天卖出去的越来越多。张生的生意越做越大，原先做米生意的“老大们”的客户都逐渐被张生夺了去，但始终弄不清楚其中的端倪。

张生为消费者送上了周到的服务，让消费者感受到了张生的诚心诚意。张生由于本金小、起步晚，所以在人脉、资金等方面都无法与大老板们抗衡。但是张生却从日常经营中找到了让自己的生意逐步发达起来的机会，这就让自己的米较其他人更加优秀，不仅如此，张生在为消费者送米的过程中也表现得与其他人不一样。张生为消费者奉献上的服务正是消费者非常需要的。张生从小处着手、大处落笔，让自己的米店成为了消费者认可的品牌。张生是非常有心计的，在将自己的服务送到消费者的米缸中的时候，并没有到此为止，而是详细地记录下了消费者家中的人口情况，然后根据自己的经验估算出消费者下次购米的时间，在此基础上商定为消费者送米的事情。张生这样做能够体现出对消费者的热情服务，从而牢牢地稳定住了这个消费者，使其成为了自己的忠诚顾客。张生这种“稳扎稳打、步步为营”的经营方针，使得自己的经营区域不断扩大。张生此间虽然付出了更多劳动，但也得到了更多收获，这就是“一分耕耘一分收获”的道理。商家要想得到消费者的芳心，就需要不断向消费者倾注真实的情感。让消费者从内心深处感受到商家的这份情感是不掺假的。在激烈竞争的市场环境下，富有经营智慧的商家就能够占有更大的市场。虽然时代在变化，但诚信是一个不变的话题。消费者从商家那里购买产品或者服务，希望得到的是物有所值甚至是物超所值的产品或服务，商家在自己的产品或者服务中就需要付出更多的血汗。商家的诚信是一天天建立起来的，消费者对商家的情感也是一天天建立起来的。只要消费者与商家建立起了这份情感，如果产品或者服务没有发生问题，消费者一般是很难“移情别恋”的。

细节打动顾客

人们外出旅行在酒店中住宿是必需的，但是能记住你的姓名、出生日期等信息的酒店就非常少见了。服务人员如果第二次在酒店中见到您的时候，能够非常清楚地叫出您的名字，您一定会感到吃惊。因为您突然会感觉到在这个举目无亲的地方见到了自己的亲人，“洲际大酒店”就是这样一个在服务上别出心裁的酒店。“洲际大酒店”是一家五星级饭店，张天这天来到了这家酒店入住。吃早餐的时候，张天来到了电梯门口，打算乘电梯下到酒店一层吃早餐。这时服务人员非常亲热地向张天说：“张先生，早上好。”这让张天感到非常惊讶，张天住过很多酒店，服务人员都是很礼貌地向张天说“先生好”，从来没有指名道姓地问好过：“你怎么知道我的名字?”“酒店要求每个值班的服务人员记住其服务的楼层的客人的名字。”虽然只是记住某一层客人的名字，这也是很不容易的。每一层的客人都很多，而且客人要经常变换，这样做看上去是一件小事，但绝对是费心劳神的。但是酒店知道，这样做就很容易拉近与客人之间的距离，在酒店的服务人员与客人之间建立起熟人关系。张天在吃饭的过程中，有时会向服务人员问话，张天就发现，服务人员总是先前进一步然后又退后一步，而后才回答张天的问话。这让张天很纳闷："你们酒店有这样的规定吗？这样做的原因是什么？"服务人员回答说："您每次问话的时候，我前进一步，为的是能够听清楚您的问话，而不必让您重复问话，在回答您的问题时我会退后一步，这样做的目的是避免我说话时溅出的唾沫星飞到您的饭菜上。这是我们酒店的规定，我必须认真遵守。"张天听了服务人员的回答后感慨良多，酒店的服务既然这样细致，客人在这里入住还有什么可以担心的呢！

还有让张天感到出乎预料的事情就是，在张天准备退房离开酒店的时候，酒店的服务人员会非常礼貌地向张天说："张先生，我们非常欢迎您会第九次到我们的酒店入住。"原来饭店对每位客人在酒店的入住情况都作了记录，服务人员通过计算机数据库很容易就能够查到张天在酒店已经有过七次入住的经历，这次是张天第八次在酒店住宿。像这样的五星级酒店，会有来自全国各地的人住宿，每个人的入住率并不是很高的。但是酒店一定要将每个人的住宿情况保留下来，这样的酒店就显得很不一般。在一般的酒店中，客人在结账离开的时候，服务人员一般都会非常热情地向客人说一句"欢迎您再来"，这种一般的客套话，客人听上去不会太在意，人们都会将其当成一般的礼貌用语而已。但是这个"洲际酒店"却非常清晰地向客人说"欢迎张先生会第九次到我们的酒店入住"，这中间包含了酒店对客人的感情，体现出酒店对张先生是非常关注的。这就意味着酒店像记住亲人一样，记住了到酒店曾经入住过的每一位客人。也许客人对这些并不在意，但是酒店这样做却能够给客人留下难以忘记的印象，而这种印象就能够让客人将该酒店与其他酒店区别开来。酒店高明的地方不仅在于记住了每一位客人的信息，而且在于在客人生日这一天，客人会收到一张由酒店寄来的贺卡，上面用非常热情洋溢的话表示酒店希望张天能够再次回到酒店入住的心情，同时衷心地祝贺张天生日快乐。相信每位收到这种贺卡的人都会感动的，在酒店住宿也许是人生中与酒店的唯一一次邂逅，但是酒店希望留住与客人之间的感情。

故事中的酒店没有大张旗鼓地喊营销的口号，但将日常工作做得细致入微，让客人得到在其他酒店入住时不能得到的那份感动，这实际上就是无言的营销，营销并不总是要挂在嘴上的。张天受到了感动，所有与张天一样入住过该酒店的客人都得到了这份感动，这份情感让客人对该酒店永远不能忘怀。商家做生意不仅要强调宏观层面，也要注重微观层面。常言道“魔鬼藏在细节里”，商家如果只关注宏观层面，而忘却了微观层面，消费者就会认为商家是在说大话、说假话。营销是要讲求技巧，但“技巧”不等于“伎俩”，做营销就是要实实在在地做事。酒店没有喊营销的口号，但实实在在地产生了营销的效果。让消费者感觉到酒店是在诚心诚意地给消费者做事。这就正如著名管理学家德鲁克所说的，企业唯一有效的目标就是创造顾客。顾客是商家赖以发展的最可宝贵的财富。商家抓住了顾客的心，就能够让消费者用钞票反复地为商家投票，商家与消费者之间于是就建立起来了难以割舍的情缘。在激烈的竞争中，商家就是要通过高品质的服务，为消费者创造出不一样的产品，让自己在同类中凸显出来。故事中张天记住了这家酒店，相信张天会给自己的朋友、同事等讲述自己在这里受到的待遇，张天无意中就成为了该酒店的义务宣传员。这样的宣传就会沿着一个链条无休止地进行下去。所以酒店是非常聪明的，通过优秀的服务，表面上是抓住了张天的心，而实际上也同时抓住了张天周边的人的心。“桃李不言，下自成蹊”，酒店不需要刻意要求客人给自己做宣传，但客人却发自内心地愿意做这件事。酒店的美名因此就会传遍五湖四海。

成语与营销

童叟无欺
——诚信理念

清朝吴趼人在《二十年目睹之怪现状》第五回中有这样的叙述：“但不知可有‘货真价实，童叟无欺’的字样没有？”一般认为这就是“童叟无欺”的出处。意思是说，在做买卖的过程中，无论是对老人还是小孩，都一视同仁，不会欺瞒。这就是做买卖的诚信原则。诚信第一是商家做生意的本分，但凡能够长期存续的商家，都是在诚信上面让消费者非常放心的。分工和专业化在让社会发展效率更高的同时，也在商家和消费者之间造成了诸多信息障碍。希望通过耍小聪明赚取蝇头小利的商家不免就会利用这些信息不对称，在向消费者提供产品或者服务的时候出现以次充好或者缺斤短两的事情。这样的商家也许在短时间内会蒙混过关，但是长此以往不免就会有穿帮的可能，一旦东窗事发，商家就会名誉扫地。消费者不愿意给这样的商家重新做人的机会。没有诚信的商家实际上就是想无本套利，虽然不轨的商家在短时间内可以获得一些收益，但并不会得到长久发展，同时也会让消费者蒙受损失。商家诚信经营，就是要通过付出辛勤劳动换取消费者的劳动，否则就意味着不轨的商家付出“假劳动”换取消费者的“真劳动”，这对于消费者而言自然是不公平的。

老人相对于小孩具有更多的生活阅历，在甄别商品品质过程中有一套自己的办法。但是老人也有“马失前蹄”的时候。小孩子由于没有丰富的生活经验，在某些商家有不轨行为的情况下，受损害的几率自然就会更大。“童叟无欺”表现了商家做生意过程中具有优秀的品质。商家一视同仁，不需要消费者费心劳神地对产品进行鉴别。商家所需要做的就是真诚地做事情。消费者在产品面前往往只是具备一些一般常识，并不具备专家的“法眼”，不能从专业角度对产品进行鉴别。人们在喝酒的时候，只是凭借嗅觉体察到酒是否具有理想中的醇香，并不能看到其中是否具有塑化剂。人们在选购其他食品的时候，一般人也只是通过肉眼审视食品的外观，并不能觉察到食品的深层次品质，例如：蔬菜中是否含有或者含有多少农药残留，油炸食品是否是用复炸油或者泔水油做成等。这些非常专业的问题只能由相关部门通过专业的仪器检查出来，一般人是不具备这样的检验能力的。所以商家做买卖，除了受法律约束外，内心深处还应该有一本良心账，法律是硬约束，良心是软约束。商家对自己的行为进行约束，用诚信维护自己的未来。这样不仅会让自己的生意受益，也会让所有的消费者受益。如此一来，人们之间在交往过程中就不会再有那么多的心理成本。如果做生意缺乏了诚信，世界就会变成骗局。

诚信会让世界充满爱，消费者在这份爱的呵护下会有更多的幸福感，商家在这份爱的呵护下会让自己的生意更发达。所有的百年老店无不是以诚信为本的。六必居酱菜、张裕葡萄酒、内联升布鞋、贵州茅台、张一元茶庄、同仁堂中药、元长厚茶叶、王致和酱豆腐等无不是人们耳熟能详的老字号。这些百年老店都将信誉视为自己的生命。为了信誉，商家可以舍去盈利的机会，因为商家知道，将消费者的利益摆在首要位置，就是将自己的利益摆在首要位置，自己的存在是以为消费者奉献地道的服务为前提的。以同仁堂为例，同仁堂人恪守诚实敬业的道德，在做生意的过程中奉行“修合无人见，存心有天知”的信条，同仁堂在制药的过程中，坚持选用地道药材作出货真价实的中药。历代同仁堂的中药都能够做到选料上乘、疗效显著。同仁堂药品的高品质就注定了其药品具有坚厚的信誉，用八个字就能够很好地再现同仁堂的企业精神，即“同修仁德，济世养生”。所以同仁堂从来都是以“养生”和“济世”作为自己神圣的责任的。无论是达官显贵还是平民百姓，在同仁堂这里都是一视同仁的，同仁堂在这样的信念下能够做到童叟无欺。同仁堂以其诚信文化为核心，在公众面前树立了良好的口碑，同仁堂具有非常好的社会形象。同仁堂的管理信念是“同心同德，仁术仁风”，为患者提供服务的座右铭是“尽心尽意，尽善尽美”，对外宣传的时候用的广告语是“神州国药香，北京同仁堂”。坚厚的诚信让同仁堂走过了几百年的岁月，其产品也成了人们生活中不可或缺的元素。

创业与营销

甲骨文艺术化

在一次会议上小李认识了从事古文字研究的专家，并从此对甲骨文产生了兴趣。甲骨文笔画以直冲的横直斜线为主，间有曲弧线，写出来的文字非常好看。小李对甲骨文非常感兴趣。甲骨文实际上就是一种图画，这种图画能够给人们以力量感和审美感。由于身边的人都知道小李对甲骨文痴迷，并且知道小李有精通甲骨文的朋友，所以很多人都求小李让古文字专家将自己的名字写成甲骨文体，并以市场价作为酬谢。当小李身边更多的人拜托小李做这样的事情的时候，小李感觉到社会上一定会有很多人对甲骨文非常感兴趣。于是认识到这是一个非常不错的商机，如果能够将甲骨文进行商业化运作，应该能够得到不错的收益。于是小李将甲骨文字进行商业化运作的思想开始在脑海中萌生。经过周密规划，“甲骨文工作室”得以诞生，古文字专家负责甲骨文书法创作，小李负责市场推广。小李在将古老文字商业化的过程中开辟了一条新的创富路。

甲骨文对于一般人而言是一件非常遥远的事情，让甲骨文成为自己生命的全部似乎只是专家学者的追求，甲骨文对于一个生意人而言似乎是八竿子打不着的事情。但小李与甲骨文专家的一次接触，就让小李在内心深处产生了触动，甲骨文由此成为了小李创富生涯的开始，小李此前的一些做法是值得深思的。

第一，开发商业价值。在小李的眼中，甲骨文具有非常好的商业价值。在小李初次见到甲骨文的时候，就为甲骨文撰写过程中的线条所体现出的力量感而震撼，这正好符合现代人的审美标准。甲骨文对于专家而言是文字，对于一般的老百姓而言就是一些图片。小李于是开始想办法将甲骨文的传播与其商业价值很好地结合在一起。这种思路就能够使甲骨文由少数人的“特权”演变为大众化的商品。甲骨文作为一种文化在普通人中间传播并非易事，但是如果将甲骨文的文化价值与艺术魅力得到紧密结合并得到更多人的认可，甲骨文就可以在老百姓中间流传。在甲骨文商业化的过程中，小李特别强调甲骨文笔画的奇形怪状，在不影响甲骨文本来面目的情况下尽量张扬其笔法刚劲有力的特点，让消费者认为这是一种图画而不是文字。消费者将这样的衬衫穿在身上就会产生完全不一样的感觉。

第二，强调时间魅力。现代人一般都认为时间越久远的东西就会越有价值。甲骨文作为一种古老文字已经有3000年的历史。所以充分利用文字中的时间含义就会突出礼品的价值。甲骨文的时间含义意味着“永久与无可替代”和“穿越时空的祝愿”。甲骨文的这个特点能够很好地与“永恒的爱情”相一致，小李觉得，如果用甲骨文象征爱情，则可以表示“你就是我的唯一”和“我们将永远不分开”等意思。所以用甲骨文书写结婚的爱情誓言，就能够更加表示恋人之间地久天长的情感。于是小李特别在这个层面进行渲染，在工作室开发出了“书写爱情誓言专区”。这个项目刚刚推出，就招来很多追捧新潮的年轻恋人的青睐，这些年轻人到工作室中来，往往都是拿着首先写好的文稿。只需要工作室按照其要求，写成甲骨文并打印成证书的样子，然后辅之以精美的包装就可以了。小李的这项业务顿时使自己的生意火爆了起来。“甲骨文爱情誓言”成为了“新人”的必要消费项目之一。

第三，巧妙营销策划。在一次音乐会上，各路明星云集于此。小李打算借助这个音乐会使自己的生意再火上一把。小李用甲骨文体打出了“爱你一万年”的巨幅标语。并且以“甲骨文工作室”的名义向现场的明星赠送以甲骨文文字写成的祝福语。这些明星在感到新鲜之余都非常高兴地接受了。小李的这个做法使其“甲骨文工作室”迅速走红。当天就有十几家婚庆公司找到小李的工作室洽谈共同合作开发甲骨文生意的事情。婚庆公司主要是以甲骨文文字写新婚祝福语。这个项目会为婚庆公司带来很好的收益。小李觉得这是一个非常不错的合作机会。在与多家婚庆公司签约之后小李继续扩大自己的业务，继续以同样的方式联系到更多的婚庆公司。这些婚庆公司了解了小李的创意后纷纷与其签约，小李的生意范围扩大了，每天的订单络绎不绝。

第四，开发礼品市场。小李觉得，甲骨文字不仅限于爱情誓言，应该在其他很多方面都有市场。但无论产品向哪个方向延伸，都不应该离开“长久”这个主题。所以，小李觉得只要与“长久”联系在一起的都可以与该产品为伍。给长辈祝寿、给朋友送礼等都有“长久”的含义，所以应该深度开发甲骨文礼品市场。将甲骨文作为礼品不仅能够体现“长久”的内涵，而且还具有较高的文化品位。家里的客厅中若有一甲骨文条幅则能够体现出人的文化修养。将产品定位在礼品方面较之前的“爱情誓言”的经营渠道思路更宽。于是小李开始搜集关于祝寿以及朋友之间相互往来的友好祝福语方面的对联，然后将这些对联经过工作室的精密策划，开发出甲骨文版福联。在福联比较合适的地方注上相应汉字的简体版，消费者看到了这样的福联后都感觉到新鲜，并普遍认为甲骨文福联是上好的礼品。

第五，手写印刷并存。工作室开发的产品起初主要是手写的。随着业务量增大，小李感觉到力不从心，于是萌生了批量印刷的念头。小李觉得这样做的最大好处在于，在满足更多消费者需要的同时还可以尽量降低产品的价格。不同消费者的需求是有差异的，有的可能需要价格比较高的手写版，有的则需要价格比较低的印刷版。于是小李联系了印刷厂开始批量生产甲骨文福联。这些福联盖上工作室的戳记后再行销售。事实证明小李的这个想法是非常正确的。很多消费者并不需要购买价格非常高的文字，买来也不是为了增值，只是感觉好玩儿在客厅中作为一个摆设。为了方便消费者保存购买的甲骨文作品，小李特别为消费者准备了精致的镜框。消费者将作品买回家后就可以将其放置在镜框中保存更长时间。虽然一些消费者并没有买镜框，但小李为消费者着想的心意还是得到了消费者的认可。

致富经 让休眠的古董复活

小李将甲骨文这个“古董”做火了，这不是一般人能够做得到的。甲骨文的文化底蕴以及其源远流长的时间概念是小李做生意的“法宝”，能够从这个古文字中挖掘出与现代生活联系在一起的东西不是所有人都能够想得出来的。小李很好地将中国文化变成了自己的发财媒介，这种思路是值得效仿的。在产品的经营过程中小李通过独具慧眼的妙招将自己的产品与婚庆公司联袂，并通过分析消费者阶层，这使其产品不断拓展了经营思路。小李在做买卖的过程中巧妙地区分了社会阶层。社会阶层是由具有类似社会地位的成员组成的相对持久的群体。不同的社会阶层在购买、消费、沟通以及个人偏好等方面具有不同的特点。一般而言，处于较高社会阶层的成员具有较多的社会资源并且具有较高的社会地位，这些人往往更加倾向于炫耀性消费，展示自己与其他社会阶层成员的不同。不同社会阶层在购买能力、休闲方式、消费取向、关注信息等方面都有很大差异。即使购买同一产品，其趣味、偏好等也存在不同，虽然中低社会阶层会模仿较高社会阶层的生活方式，但并非普遍。商家在进行营销时要针对不同的社会阶层出台不同的营销策略。小李的目标在于将产品大众化，让所有的人都能够进入自己的营销视野。

第 12 课　顾客关系

引子

商家将产品售卖给消费者的过程就是与消费者建立关系的过程，这也是彼此熟悉的过程。在此过程中二者从相识到相知再到知己，消费者才会感到商家值得信赖，消费者会认为商家是在诚心诚意地为消费者提供产品。双方于是建立起了一种永久的合作关系，这样的消费者就是产品的忠诚顾客。商家与消费者之间的关系由于是建立在利益基础上的，这样的关系非常不容易建立也非常不容易维持。消费者喜欢消费多样化的产品，而商家很不容易突破自己。商家的“保守”与消费者的“多变”之间就形成了一对矛盾，这个矛盾就会经常性地使得消费者与商家之间建立的关系非常脆弱。这就需要商家不断完善自己，在消费者面前呈现新形象，让消费者感受到自己的魅力。商家与消费者之间只有建立起稳定的关系，二者之间才能够做到“眉目传情”，商家才能够近距离地观察消费者，通过消费者的表情读懂消费者的内心世界。商家要想做百年老店，就要与消费者之间建立起持久的关系，以致在消费者消费同类产品的时候首先会想到该商家，就像人们买月饼首选稻香村、买酱菜首选六必居、买中药首选同仁堂等一样，消费者对这些商家的产品是深信不疑的。商家通过深厚的信誉与消费者建立起来了持久的关系。这种关系代代相传，父辈影响儿辈，儿辈影响孙辈，产品已经与浓浓的中国文化联系在了一起。商家与消费者之间的深情厚谊已经掰不折、剪不断。

产品为了实现惊险的跳跃（从使用价值到价值的转变），商家不但需要将产品本身做好，还需要处理好与消费者之间的关系，关系营销越来越成为商家关注的重点。关系营销可以看成是消费者、供应商、竞争者、分销商以及公众之间在互动过程中巧妙把握营销活动的过程，产品通过与消费者建立起良好的关系达到销售产品和扩展市场的目的。商家通过关系营销建立起消费者与产品诸方面之间的联系，为产品营造较好的环境，扩展产品的影响，保障商家获利。在关系营销过程中，关键的就是沟通，这个沟通过程是双向的，商家要尽量全面地向消费者传输信息，同时要尽量多地从消费者那里得到信息，在这样的沟通过程中，消费者知道了产品是什么，商家也知道了消费者需要的是什么样的产品。商家以自己的诚信为基础逐渐培养起消费者的忠诚，商家与消费者之间就逐渐建立起了“不离不弃”的关系。所以关系营销实际上就是在诚信的基础上建立起商家与消费者之间的合作。商家注意与消费者之间建立稳固的关系只是关系营销的一个层面，商家除了要注意与消费者之间建立融洽的关系外，还要处理好与新闻媒体之间的关系，让媒体愿意为自己做宣传。消费者自然喜欢选用信誉高、形象好的企业的产品。媒体为产品树立了良好的形象，商家自然就会天地广阔。商家与新闻媒体建立了融洽的关系，就为自己的成长铺就了平坦大道。

趣味营销故事

先卖信誉后卖产品

北宋时期有个翰林学士非常喜欢养马，家中已经饲养了各种各样的马匹，看见了非常出色的马匹之后就一定要买下来。这天在街上他又遇到一匹好马，吩咐下人将其买下来之后，单独腾出一间马厩好生饲养。但是，买回家中才发现，虽然马的外形很好，但脾气非常差。不能很好地与人相处，翰林学士的几个家人已经被这匹马踢伤了。生性喜欢养马的翰林学士自己也对这匹马无可奈何。翰林学士最后还是决定要将这匹马卖掉。选择了一个晴朗的日子，将马牵到街上售卖。不多一会儿就引来很多人观看这匹马，大家都说这匹马非常出色。有一个姓吕的人用一个比较高的价钱最后将马买走。家中没有了这匹马之后，翰林学士心中出了一口长气。过了几天之后，翰林学士的父亲到府上来串门，看见那匹脾气刚烈的马不见了，经过打听后才知道翰林学士已经将其卖掉了。父亲就问翰林学士，在卖这匹马的时候，是否将马脾气刚烈这件事情告诉了买主。翰林学士不敢对父亲有任何隐瞒，告诉父亲说没有对买主说实情。父亲狠狠地批评了翰林学士，说这样做就是欺骗，不讲诚信的买卖最后就会损掉自己的名声。责成家人在集市上贴出一张声明，告诉那位买马的人，如果对那匹马不满意，可以按照原价退回，并在声明上对没有将马的脾气秉性明确告知买主表示歉意。买马者看到翰林学士张贴的这张声明之后，登门到翰林学士的府上说，自己对这匹马非常满意，自己已经将马驯服了。告诉翰林学士，不要有任何歉意。翰林学士对买马者的愧疚感这才消失。

故事中的翰林学士，感觉到自己买的马不满意，就打算将其卖掉。但是在卖马的过程中并没有告知买主关于这匹马的一些信息：诸如马的脾气不太好，由于自己不能驯服这匹马，自己才将马卖掉的，等等。翰林学士在做买卖的过程中有意隐瞒了实情，这实际上就是欺骗行为。老爷子知道了这件事情之后对自己的儿子进行了批评，通过卖马这件事情告诉了儿子做人的道理。做买卖要讲诚信，只有这样才能够与消费者建立起良好的关系，做买卖就如同做人，买卖中可以认识人的人品。故事中的老爷子看到自己的儿子对买主进行了欺骗，就急于向买主道歉，并承诺买主如果对马不满意，可以按照原价退回。这种高度讲信誉的行为是值得褒扬的。虽然翰林学士不是生意人，也不会经常做买卖。但翰林学士的身份是很高的，这样一个地位显赫的人都能够在卖马的过程中对他人进行欺瞒，对其他的买卖人肯定会形成不良影响。老爷子考虑事情是比较长远的，从卖马这样一件简单的事情上让儿子学到了更多的东西。商家做买卖的时候，不但要向消费者介绍产品的优点，还要介绍产品的不足，因为没有任何一件产品是完美无缺的。单纯宣扬产品的优点并有意隐瞒产品的缺点，就涉嫌欺骗。著名营销学者科特勒有句名言：企业应该从市场驱动型变为驱动市场型。如果商家遵循市场驱动型的思维方式，商家就会非常被动，总是跟在市场的后面走，企业下一步的发展方向就会非常渺茫。商家遵循驱动市场型的思维方式，就会通过理性思维主动创造市场。讲信誉就是驱动市场的重要策略之一。企业首先是卖信誉然后才是卖产品，消费者感觉商家是可靠的，才会认为商家的产品是可靠的。

退货比买货更省事

在一座百货大楼正面的墙上赫然写着这样一行字“让退货比

买货更省事”。这是这家大楼多年做买卖的心得。大楼的总经理张先生是力主这句话的人。在将这句话用醒目的铜板大字写在墙上之前，张先生曾经遭到很多副总经理的非难，人们一致认为这样做会给百货大楼带来不必要的麻烦。百货大楼是从事经营销售的，买卖过程中发生一些不愉快的事情是很正常的，但是不能所有的事情都由着消费者的性子来。很多消费者是刁钻古怪的，碰到难缠的消费者，百货大楼肯定是要吃亏的。张先生不赞成这些副总的看法，认为“让退货比买货更省事”体现的是商家的一种态度。做买卖不能排除一些偶然事件，“难缠”的事情虽然会发生，但不会经常发生。有的副总说，这样的口号在国内还没有人提出来过，这样说话是不是口气太大了些。毕竟产品的质量并不是能够由商家说了算的，商家也没有长着火眼金睛，将辨识产品质量好坏的责任全部落在百货大楼身上，有些不合常理。张先生觉得，这就是百货大楼的特色，只有这样才能够让自己与其他商家不一样。这是对产品质量的承诺，表面上是给百货大楼增加了工作负担，实际上是为百货大楼拓宽了财路。在张先生的激励倡导下，这句号召终于写在了百货大楼的墙上。事实表明，这句口号写在墙上之后，退货率并没有增加，百货大楼的销售额反而成倍增加了。百货大楼经过调查发现，消费者到这里购买产品感觉非常安全。原来是在其他地方买东西的，现在都到这里来买东西了。

在很多商家坚持“只卖不退”的商品销售原则的时候，有一家商店推出了“让退货比买货更省事”的招牌。这一招牌刚刚亮出的时候，很是让消费者感到意外。这种做买卖的方法实际上就是将风险全部转嫁到了商家身上：只要消费者不满意产品，就可以退货。在退货的过程中只要消费者能够讲出恰当的理由即可。该商家推出这样的营销策略，是别出心裁的。一般商家都害怕消费者退货，但这位商家却“欢迎”消费者退货。弦外之音是这里的产品质量是过硬的，商家能够为消费者提供真诚的服务。商家所有的做法都是为了让消费者最满意。实际上这才是最聪明的商家，让消费者购物没有担忧，商家才会挣得足够的财富。任何一位消费者都是不会轻易退货的。消费者在购买产品的时候都是精心选择的，找到一件心仪的产品往往会消耗大量的时间。如果产品没有出现大问题，消费者是不会作出退货选择的。在消费者退货之前，往往会在心里打鼓，心里总是有这样一个问号：商家会不会给我退货？退货是一件很麻烦的事情。为了不至于在购货之后退货，消费者在购买产品的时候总是会左右端详，生怕因为任何不仔细而在日后消费中产生一些麻烦。消费者由于在心中有顾虑，所以买东西的时候会非常犹豫。本来作出决定就要掏钱购买的东西，在最后的一刹那还是作出了不购买的决定。根据以前买东西的经验，消费者会有这样的顾虑：在付钱之前消费者是“上帝”，在付钱之后商家就是“上帝”了。让消费者有后顾之忧的产品注定不会有很好的市场，消费者会认为是商家将所有的风险罩在消费者头上。消费者更多地是趋向于风险厌恶型，不能为消费者承担风险，商家就不能拥有更多的消费者。

碎了杯子成了生意

王一是一位推销员，近两年来一直帮助一家公司销售钢化玻璃杯。由于销售业绩很好，所以深受领导赏识。王一在推销产品的时候会通过非常巧妙的方式，将产品的优点展示在客户面前。钢化玻璃杯韧性很好，为了证明自己所言不虚，王一一般会随手从旁边拿起一个杯子，从距离地面一定高度扔下，杯子一般都会被弹起来后又落下，杯子经过几次弹跳之后会稳稳地落在地面上，杯子本身不会有什么问题。这天王一在与客商谈话的过程中，又随手将旁边的杯子拿起扔到地上，但是王一不知道，这次扔下的杯子是个次品，杯子扔在地上，马上被摔得粉碎。这是王一所没有预料到的。按照一般的思路，王一会马上站起身向在座的各位客户道歉，然后再拿起一个杯子摔到地上，以证明产品的质量是过硬的。但是如果王一这样做，虽然会表示出商家对消费者的谦恭，但也是不能够挽回面子的。因为王一在向客户介绍产品的时候，态度是非常肯定的，但是现在却出了这样的问题，任何一个客户都不是小孩，如果王一果真这样做，客户无论如何是不能接受的。这样给客户的印象是，王一前面说过的话都是假话。出现这样的事件也是王一所没有预料到的，如果出现问题之后3秒钟之内王一没有作出很好的应对，事情就会变得非常糟糕。唯一的结果就是：客户怀着轻蔑的表情看一眼王一，然后扬长而去。但是久经沙场的王一，态度是非常沉着的，看到扔下的杯子碎掉之后，脸上不但没有出现惊讶的表情，随后的一句话让在场的所有人哈哈大笑。王一说："像这样的产品，我们是不会卖给你们的。"王一在这样的尴尬面前态度冷静，并能够作出快速反应，不但为公司的产品挽回了局面，而且将生意做成了。王一又随手从旁边拿起几个杯子扔在地上，都没有碎掉。客户对王一的推荐深信不疑。

实际上厂家生产出的杯子中有次品，消费者也是可以理解的。推销员也并不是生产产品的专家，只有对产品极力说好话，才能够将产品卖出去，这也是情理之中的事情。但是如果推销员说话不善于随机应变，即使一个好的买卖也会砸锅。推销员不但要对产品有透彻的了解，而且要有很好的语言表达艺术，以便能够与客户进行很好的沟通。优秀的营销员能够在短时间内与客户建立起良好的关系，能够通过恰到好处的语言、眼神、举止等让消费者对自己深信不疑，从而促成买卖。营销员在宣传产品的时候，不要单方面一味地展示自己的语言才华，在说话的同时也要顾及消费者的心情。营销员要不断地对消费者察言观色，顺着消费者最关心的问题展开话题。将消费者最关心的问题解决，让消费者体会到营销员的诚意，这样的营销员才能够与消费者进行心灵沟通。营销员的目标固然是将产品卖出去，但营销员不能为了达到这个目的而对产品夸大其词。就像故事中的王一一样，如果不能很好地对碎杯子问题收场，客户自然会认为王一是个只会纸上谈兵的家伙，王一连同公司的产品均会名誉扫地。这样的局面一旦形成，公司受到的损失将是非常巨大的。在“口传”的影响下，走掉的客户不仅是面前坐着的这几位，这几位客户会在市场上为商家传播负面信息。公司要想重塑产品的威信，就需要花费较大的成本。优秀的营销员就是公司的财富。王一用智慧的语言非常巧妙地将产品中可能出现次品的问题敷衍了过去，这一点大家都心知肚明，致使王一没有尴尬。王一随后连续摔的几个杯子都没有碎，实际上就已经能够证明公司产品的质量了。客户看到这些铁的事实后，出现次品的情况也是可以接受的。

成语与营销

千万买邻
——善待顾客

在《南史·吕僧珍传》中有这样一段话：“宋季雅罢南康郡，市宅居僧珍宅侧。僧珍问宅价。曰：‘一千一百万。’怪其贵。季雅曰：‘一百万买宅，千万买邻。’”这段话记述的是有关吕僧珍的事情。吕僧珍由于秉公做事而在历史上留下了美名，有些人想凭借吕僧珍在官府中的关系谋得一官半职的想法都泡汤了。吕僧珍的住宅前面是其属下的官舍，有人建议吕僧珍将官舍据为己有，但是吕僧珍的反应是：坚决不能将官舍纳为私宅。有位叫宋季雅的官员退休之后，特别在吕僧珍的私宅旁边买了一套住宅。有天吕僧珍问宋季雅这套房子是花多少钱买的？宋季雅说：“一千一百万”。吕僧珍责怪宋季雅“你买的太贵了”。宋季雅说：“我花一百万买的是房屋，一千万买的是邻居。”吕僧珍听了这话半晌后才琢磨出其中的味道来，不禁哈哈大笑。“百万买宅千万买邻”说明了宋季雅非常看重吕僧珍这个邻居，也说明了买宅容易买邻居难的意思。故事中宋季雅与吕僧珍的谈话方式是非常正式的，虽然话音落后两个人都哈哈大笑起来，但吕僧珍从中也体会到了一份感动。由于吕僧珍一生为官清廉，甚为百姓所拥戴，人们觉得与吕僧珍为邻居是自己的荣耀。钱不是能够购买到任何东西的，宋季雅希望通过在吕僧珍这样的邻居的映衬下，自己也能够受到这个光环的影响。

宋季雅在购买住宅的时候很重视周边环境，通过吕僧珍这个邻居也能够抬高自己的身价。这与企业做产品的道理是一样的，产品的发生、成长不但需要硬环境也需要软环境。硬环境包括厂房、机器、设备、资金等，软环境包括宏观经济环境和政府政策等多方面。商家在生产产品的过程中，应该从多方面注意。适合产品发展的条件稍纵即逝，这需要管理者具有捕捉发展机会的敏锐眼光。厂房、机器、设备、资金等硬环境可以通过各种方式在短时间内筹到，但是好的发展机会往往是可遇不可求的。从这个角度看，软环境相对于硬环境而言更加难得。商家生产产品和营销产品都是在一定的环境中进行的，只有具备了相应的环境条件，产品销售才能够顺风得水。当一个企业资本输出到国外从事经营的时候，“千万买邻”的思想就更加明显了。记得马克思在谈资本的本质的时候曾经提过这样一个例子，说有一个叫做皮尔的人，带了足够的人、资金、设备、粮食等从事生产所需要的必备物资，到一个荒岛上去准备大干一番，但是等到了荒岛上的时候，让皮尔没有想到的事情发生了。皮尔带到荒岛上的所有人都四散分逃，每个人都在荒岛上划一块地开始自食其力了。马克思在文章中说，“不幸的皮尔先生，他什么都预见到了，就是忘了把英国的生产关系输出到斯旺河去”。皮尔失败的重要原因就在于，将从事生产的各种条件都准备充分了，但唯独没有将资本主义制度带到荒岛上。这些工人在荒岛上找到了属于自己的一份土地，不再受资本主义制度的剥削了。马克思在《资本论》中进一步指出：“资本不是一种物，而是一种以物为媒介的人和人之间的社会关系。”资本在本质上体现了一种社会关系。皮尔花费再多的钱也不能在荒岛上购买到资本主义制度，这在某些层面也能说明“好邻居千金难买”的道理。

在消费选择日益丰富起来的现代经济中，消费者变得越来越成熟。商家通过睿智的营销策略能够将自己的产品瞄准目标消费者非常不容易。商家要想在市场上站稳脚跟，就需要得到消费者的认可和支持。百年老店是在峥嵘岁月中不断与消费者建立深情厚谊的。岁月流年以及商家此间付出的心情，目标都在于建立稳固的市场关系。商家只要有充足的资金就能够筹办企业，但企业与消费者之间的关系并不是一朝一夕就能够建立起来的。市场就是一株幼苗，这株幼苗的成长需要遵循自然规律。商家需要通过自己的点滴行动慢慢地、一点一点地与消费者建立感情。消费者由怀疑到接受再到消费忠诚，需要经历一个漫长的发展过程。在种类繁多的市场上，消费者将眼睛锁定在商家提供的产品上，这是商家的幸运，而这种幸运是建立在商家与消费者之间进行充分沟通的基础上的。商家为消费者付出了爱，消费者就为商家付出更多的爱，这种爱是千金难买的。消费者用手中的钞票向哪个商家投票，并不是商家能够左右得了的。消费者就是商家千金难买的“邻”。

创业与营销

仙人掌的新用法

仙人掌入菜已经逐渐被更多的消费者所接受，但将仙人掌制成饮料应该还是一件新鲜事。在很多人看来，仙人掌根本就不是一种常规植物，自然也就不能归为蔬菜之列。将仙人掌榨成汁就既不能算作蔬菜汁也不能算作果汁。如果这样的饮料在市场上出现肯定会让消费者质疑。仙人掌饮料当时在市场上就受到了这样的待遇。在国人的印象中仙人掌满身带刺，其味道也是涩涩的，根本不能食用，更不用说将其榨成汁并一饮而尽了。虽然如此，仙人掌在欧美却是一种非常流行的菜品，将仙人掌做成一种生态饮料并能够得到广大消费者的认可，就需要付出一定的努力，但是仙人掌饮料到底还是赢得了消费者的认可。仙人掌饮料从一个无名小卒到让消费者接受，期间凝聚了商家的很多辛苦。以仙人掌为主要原材料的菜品多起来的同时，商家就不免要在仙人掌身上打新主意。以其为原料榨汁生产出饮料就是一个新鲜的创意。仙人掌饮料采用组合拳出击的方式赢得了消费者。

第一，打出生态品牌。将仙人掌饮料与可口可乐、百事可乐等这样具有很大市场份额的碳酸饮料老品牌进行抗衡肯定是不行的，这就需要突出仙人掌饮料的特点从而创造消费差异，“生态理念”就是该产品与其他产品相异的重要之处。仙人掌饮料与目前市场上其他诸多饮料的重要区别就在于仙人掌饮料的制作原料。仙人掌是沙漠中生长的唯一绿色植物，给人以一种接近大自然的感受。仙人掌饮料的品牌定位应该是“生态饮品”。仙人掌在大沙漠中生长，这样的生长环境没有污染，在原生态环境下生长起来的这种植物，绝对符合人们对绿色食品的消费要求。在种类丰富的饮品大家族中，仙人掌饮料给人们的感觉肯定是比较另类的。人们都有尝一尝这个带刺的家伙并体会一下将其以饮料的方式喝入口中的感觉。人们在消费这种饮料的过程中，将猎奇与生态享受完美地融合在了一起。

第二，饮料定位男人。仙人掌饮料比较另类，商家为其赋予的含义也是比较另类的。仙人掌生长在沙漠中，给人以顽强生命力的印象。男人的社会形象就应该是健康、向上、朝气、顽强、成功，社会对男人的要求与仙人掌的品行非常相像，男人形象与仙人掌品性的对接，赋予了仙人掌饮料男性阳刚之气的内涵，仙人掌就是“带刺的男人”。到目前为止还没有人用这种独到的方式形容男人的品质呢。如果商家将这样的内涵刻意与产品联系在一起，仙人掌饮料从其诞生之日起，就与这样的内涵结下了不解之缘。在饮料的宣传中将仙人掌饮料赋予这样的内涵，自然就会慢慢引导男性的消费倾向。成年男人在享受了这样的饮料之后，可以在他人面前展示自己的魅力。小男孩在父亲的引导下，享受了这样的饮料后，就在最早的时候接受了“男孩子一定要有男人气概”的教育。

第三，赋予产品亮名。好的名称有助于产品声名远扬，所以名称在一定程度上就能够决定产品的“人生”。响亮的名字能够让人们对其产生好的联想，让产品有更好的人气。既然仙人掌饮料具有其他饮料不可替代的生态品味，以及能够很好地与男人的阳刚之气融合在一起，那就需要赋予产品一个比较贴切并且非常响亮的名字，进而在短时间内提高产品的知名度。于是给产品定名为“豪饮”，该名称一方面可以理解为“大口喝饮料”，另一方面可以理解为“不一般的饮料”，这样使得产品在短时间内可以脱颖而出。“豪饮”可以形象地描绘出消费者在消费该产品时候的爽快劲，人们可以想象男人在喝这种饮料时候发出的“咕咚咕咚”的声音。“人配衣服马配鞍”，名字就是产品的衣服。“豪饮”这个名字让消费者透过产品产生很好的联想。这为产品的快速销售起到了推波助澜的作用。

第四，专注产品包装。包装也是产品的衣服，大多数消费者都是通过产品的“衣服”了解产品的。产品的包装一定要达到这样的效果：让消费者在一秒钟之内感悟产品的特色。从这个角度讲产品的包装并不需要多么华丽，只要能够激发消费者的购买欲望就可以了。以冰块拼成冰球来表示产品的生态概念是比较到位的做法，让人们在这种视觉感受中透视产品的生态品位，然后配以曲线形的外包装，这样就会使得产品更加高贵和典雅。年轻人手中持有这样的产品，在感到时尚之余又能够提升消费档次。在朋友聚会的时候，随手扔给朋友一瓶“豪饮”，接受这种饮料的人肯定与拿到一瓶矿泉水的感觉是不一样的。该产品专注不一样的包装，让包装渗透出产品的性格和品味。让消费该产品的人同样能够具有相似的品质，这就是产品的追求。

第五，定价相对高调。新鲜的产品在为消费者创造出不同感受的同时，还要让消费者付出较高的费用，这才会让消费者感觉到心中踏实。“豪饮”的生产原料来自没有受到污染的沙漠环境，原材料难以获得，就加大了产品的生产成本，如果产品价格再相对较低，消费者就会对产品的含金量产生怀疑。在产品质量乱象的社会背景下，过硬的产品质量是赢得消费者的最重要砝码，所以产品价格相对较高是情理之中的事情。消费者会非常懂得“一分钱一分货”的道理，并在这种原则指导下从众多产品中选择自己的“亲密爱人”。“豪饮”既然定位在男人、年轻人层面，就需要从这个群体的心理出发考虑定价。享受生活时尚是这个消费群体的天性，能够猛挣钱也能够猛花钱才是男人的本色，所以面对这种价位相对较高的饮料，从腰包中掏钱丝毫不会手软。这种品质不一般和价格不一般的饮料更加让男人感受到做人的尊严。“豪饮”用适中的高调定价方式让自己从众多的饮料中脱颖而出，为商家创造了财富。

致富经 彰显性格，展示不同

越来越多的人能够接受将仙人掌入菜，但是将仙人掌入饮料还是件新鲜事。仙人掌是沙漠中的植物，不会受到环境污染的影响，所以打出生态品牌自然就是该饮料的亮点。除此之外最重要的是，在仙人掌饮料中赋予了仙人掌的“性格”，享受此饮料的消费者也象征其拥有该种性格。在激烈竞争的市场经济中，男人更加需要具备仙人掌的品质，仙人掌饮料理所当然就成为了男人的“饮料”。该饮料在向市场推广的过程中也在极力打造这种理念，于是仙人掌饮料也就成为了男人的“特权”，用该饮品烘托男人的阳刚之气。为了打出市场上的知名度，该饮料被辅之以“豪饮”的名字，这就更加符合男人应有的豪爽特点。产品的外包装与产品的内涵相得益彰，使得产品很快在消费者中间传播开来。市场所有的饮料都不具有性别的差异，唯独“豪饮”具有了男人的性别，这是该产品的特殊独到之处。

参考文献

[1]［澳］马克斯·萨瑟兰．广告与消费者心理．瞿秀芳，鹿建光，译．北京：世界知识出版社，2002

[2]［德］马克斯·韦伯．经济与社会．林荣远，译．北京：商务印书馆．1997

[3]［美］B. H. 施密特，等．体验营销．周兆晴，编译．北京：经济日报出版社，2002

[4]［美］P. 科特勒．营销管理：分析、计划、执行和控制．上海：上海人民出版社，1999

[5]［美］罗格，等．消费者行为学．徐海，等译．机械工业出版社，2003

[6]［美］迈克尔·R. 所罗门．消费者行为学．张莹，付强，等译．北京：经济科学出版社，1998

[7]［美］迈克尔·R. 所罗门．消费者行为．北京：经济科学出版社，1999

[8] 陈君．市场营销策划．北京：北京理工大学出版社，2012

[9] 陈阳．市场营销学．北京：北京大学出版社，2012

[10] 杜明汉．营销礼仪．北京：电子工业出版社，2012

[11] 符国群．消费者行为学．北京：高等教育出版社，2001

[12] 傅浙铭．营销八段——顾客心理与营销决

策．广州：广东经济出版社，1999

[13] 甘碧群．市场营销学．武汉：武汉大学出版社，2004

[14] 高晖．网络营销．西安：西安交通大学出版社，2012

[15] 龚振，荣晓华，刘志超．消费者行为学．大连：东北财经大学出版社，2002

[16] 郭国庆，成栋．市场营销．北京：中国人民大学出版社，2002

[17] 郭国庆．市场营销学通论．北京：中国人民大学出版社，1999

[18] 郭舒．顾客服务．北京：教育科学出版社，2002

[19] 郭小玉．服务营销．大连：大连理工大学出版社，2012

[20] 何永祺．市场营销学．大连：东北财经大学出版社，2002

[21] 黄方正．市场营销学．成都：四川科学技术出版社，2005

[22] 纪宝成．市场营销学教程．北京：中国人民大学出版社，2012

[23] 姜洪源．营销心理学．北京：北京交通大学出版社，2012

[24] 金润圭．国际市场营销．北京：高等教育出版社，2012

[25] 兰苓．市场营销学．北京：中央广播电视大学出版社，2000

[26] 李百吉．营销策划原理与案例．北京：知识产权出版社，2012

[27] 李东进．消费者行为学．北京：经济科学出版社，2001

[28] 李弘，董大海．市场营销学．大连：大连理工大学出版社，2002

[29] 林健锋．向媒婆学营销．武汉：华中科技大学出版社，2012

[30] 刘宇伟．营销学范式变迁研究．北京：中国社会科学出版社，2012

[31] 吕一林．现代市场营销学．北京：清华大学出版社，2012

[32] 马斐．体验式营销．北京：电子工业出版社，2012

[33] 马国良．新营销战．北京：机械工业出版社，2012

[34] 孟滔．营销策划．北京：机械工业出版社，2012

[35] 曲云波，程蔓丽．建立顾客忠诚．北京：企业管理出版社，1996
[36] 石真语．营销命门．北京：中国电力出版社，2012
[37] 司金銮．消费心理学．北京：中国商业出版社，1994
[38] 谭昆智．营销创新．北京：清华大学出版社，2012
[39] 王培志．市场营销学案例教程．北京：经济科学出版社，2002
[40] 王宜．赢在网络营销．北京：电子工业出版社，2012
[41] 吴健安．市场营销学．北京：高等教育出版社，2000
[42] 吴泗宗．市场营销学．北京：清华大学出版社，2012
[43] 谢弦．市场营销学．北京：北京大学出版社，2012
[44] 徐萍．消费心理学教程．上海：上海财经大学出版社，2001
[45] 许以洪．市场营销学．北京：机械工业出版社，2012
[46] 严刚．字里行间的商业秘密．北京：清华大学出版社，2012
[47] 周高华．情感营销．北京：电子工业出版社，2012
[48] 朱立．市场营销经典案例．北京：高等教育出版社，2012

后　记

本书介绍的全部是与营销、创业有关的故事，非常适合一般的读者阅读。这些事例中的主人公通过展示自己的聪明才智，通过展现智慧为自己积累了第一笔财富，有的在原来的行业中继续做下去，有的则不断拓宽生意范围。每个故事都有让人眼前一亮的闪光点。在激烈的竞争中，很多人都面临创业问题。有创业的愿望但又总是对自己的能力产生怀疑，感觉那些成功的创业者高高在上，让自己望尘莫及，总这样下去是不能创出属于自己的一片天地的。实际上每个在商场上取得成绩的人都有自己的机遇，这些人的成功路径千差万别。智慧和时间让这些成功创业者成为了闪光的形象。这些成功者历经的轨迹值得后来者思考和学习。

这本书应该让在校大学生以及刚刚走出校园不久的毕业生受到启迪。高等教育在由原先的精英教育变为素质教育后，天之骄子们面临着就业与创业的两难选择，“铁饭碗”已经没有了。与其在不理想的就业岗位上混日子，还不如依托既有的知识创业。年轻就是资本，即使在创业的过程中跌倒几次，也能够爬起来。只要能够战斗到最后就是强者。就业还是创业，这不涉及面子问题，只是思维方式不同而已。就业是给别人打工的思维方式，创业是让别人给自己打工的思维方式。很多年轻人的创业故事让我非常感动。所以我下决心一定要将这些人走过的路写出来，让正在处于观望的人们看看。

在茶余饭后我也在思考，很多创业成功者实际上也都是平淡无奇的，但是为什么这些人就能够在短时间内创造出几百万元甚至上千万元的身价？这些人起初也没有多少创业资本，大多数人都是从几千元甚至是几百元起家的。我觉得应该是智慧、魄力、耐心的品质以及为消费者奉献真诚服务的商业道德让这些人走向成功的。很多人都是从一个偶然的机会开始的，然后就顺着这个思路将自己的事业逐渐放大。实际上这样的机会，任何人身边都有，只是大多数人对之熟视无睹而已。

智慧不是与生俱来的，只要肯于学习、感情专注并且坚持不懈，任何人都能够具备这样的商业智慧，并且让自己成为商业巨人。创业者不能好高骛远，需要从自己能够驾驭的小事做起。本书是笔者在从事《消费者行为学》和《市场营销学》的教学实践的基础上出版的。在授课过程中，学生在了解了这些生动的案例后非常感慨，往往不自觉地开始自行讨论问题。这种授课方式能够很好地地将理论付诸行动，让课堂变得更加生动。毕竟绝大多数学生走出校门后，并不是要做研究者和大学教授。让学生掌握实用技术的教学是很受学生欢迎的。从这个角度来讲，该书也可以作为高校类似课程的参考材料。

创业、营销是个非常复杂的问题，成功不仅需要专业知识，而且需要智慧、魄力，但时时都要面临决策。正像著名管理学家西蒙所说，决策贯穿管理过程的始终。只有正确决策才能够为自己带来财富。如果说本人在该书中能够有所进步，也是建立在同仁已经取得的成果的基础上。而作为书斋里的教书先生，长期的工作主要是理论教育，实践经历无论如何也不如实践家们，所以本书表述的一些看法肯定有不着边际的地方，一些想法只是井蛙之见而已。如果著作中的某些观点与学界同仁的观点相抵触，希望能够得到学界同仁的批评、指正和谅解。

夫人曹建华女士是我所有作品的第一个读者。写作中我的一些怪诞想法每每都会遭到夫人的批评，但对于这些我都感到无尽快乐，因为我知道，夫人对我的批评就是对我的鼓励，也是对成果的初步认可。每当一篇新作出版时，夫人总是高兴地拿给我看，因为她知道，看到作品变成铅字是我最大的快乐。平时我只知道坐在电脑前一个字一个字地将想法敲在屏幕上，而夫人却把可口的饭菜已经摆上了饭桌。夫人默默地承担起了全部家务、赡养老人以及抚养儿子的重担，对于这些我很少顾及，现在想起来如果没有这样一个坚强的后盾，我的著作很难顺利完成。应该说，书稿是我的作品更是夫人的作品，书稿中凝结了夫人的辛勤汗水。对夫人的这份感激平时只是深深藏在心底，现在借用这个地方予以真诚表达。

同时也感谢我的学生们，是他们在课堂上与我针锋相对地交流思想，不加保留地将自己的观点奉献给我，使我在本书的写作中有了更多灵感，从而使得文章的内容更加丰富。学生是我一生中最可宝贵的财富，有了你们我才快乐，我才会不知疲倦地写出我的想法。希望你们在读完此书之后能够给我以批评和指证，以便我能够有更大提高。感谢你们！

由于著作出版时间紧迫以及本人能力有限，书中错误和疏漏在所难免，敬请各位读者海涵和谅解，也希望读者能够提出宝贵意见和建议，以便在出版后期著作时极力克服并提高著作质量。

孟祥林

2013 年 4 月于华北电力大学

成交大师

快速签单的65个心法

十多年企业管理和营销培训经验
贾春焕——著

江苏凤凰科学技术出版社 · 南京

图书在版编目（CIP）数据

成交大师：快速签单的65个心法 / 贾春焕著. —
南京：江苏凤凰科学技术出版社，2021.11（2023.11 重印）
ISBN 978-7-5713-2434-6

Ⅰ. ①成… Ⅱ. ①贾… Ⅲ. ①销售—商业心理学
Ⅳ. ①F713.55

中国版本图书馆CIP数据核字（2021）第200739号

成交大师 快速签单的 65 个心法

著　　者　贾春焕
责任编辑　向晴云
责任校对　仲　敏
责任监制　方　晨

出版发行　江苏凤凰科学技术出版社
出版社地址　南京市湖南路 1 号 A 楼，邮编：210009
出版社网址　http://www.pspress.cn
印　　刷　天津丰富彩艺印刷有限公司

开　　本　718 mm × 1 000 mm　1/32
印　　张　6
字　　数　160 000
版　　次　2021 年 11 月第 1 版
印　　次　2023 年 11 月第 2 次印刷

标准书号　ISBN 978-7-5713-2434-6
定　　价　59.80 元